JN115833

# 復興する中国

## ポスト・コロナのチャイナビジネス

服部健治・湯浅健司
日本経済研究センター
［編著］

文眞堂

# 序　文

　2020年の中国は新型コロナウイルスに翻弄された1年だった。前年末に湖北省武漢市で感染者が発症すると，瞬く間に全土の経済活動がマヒしてしまい，1月には企業活動がほとんど停止したことなどから，短期的にはマイナス成長に転落してしまった。改革開放路線が始まってから，右肩上がりの成長を続けてきた中国にとって，経済規模が縮小するのは初めての異常事態である。前年から続く米国との対立が一段と激化したこともあって，海外が中国経済を見る目は一様に悲観的なものとなった。

　しかし，それから1年が過ぎ，様相は一変している。日本が相変わらずコロナとの戦いに苦しんでいるのに，中国は強力な統制力をもって，それをしっかりと抑え込み，世界に先駆けて疲弊した経済の再建を果たした。復興が遅れる欧米や日本は中国への依存度をこれまで以上に高めざるを得なくなっている。まさに中国はコロナ後の世界経済の牽引役なのである。

　日本経済研究センターはこうした状況を踏まえて，「ポスト・コロナの中国～チャイナビジネスの注目点」というテーマで，有識者らを集めた研究会を設けた。研究会では様々な角度から，日本企業は巨大化する中国とどう向き合うべきか，今後の中国において日本企業が進むべき道はどこにあるのかを，検証，研究した。

　本書は研究会での報告内容や議論をもとに，研究会メンバーがそれぞれ執筆している。研究会の座長には，中国のミクロ経済の研究で活躍され実務経験も豊富な，中央大学ビジネススクール・名誉フェローの服部健治氏にお願いした。服部氏には全体の構成や各章の内容について，実に多くの点をご指導いただいている。このほか，研究会メンバーにはベテランの専門家から新進気鋭の学者まで多彩な方々を招聘した。編集作業は日本経済研究センターの湯浅健司が担当した。

　各章とも研究会における議論や意見交換を通じて内容を深め，悲観的でも楽

観的でもない，客観的な立場から見た中国を描くように心がけた。日本経済研究センターの会員企業からも聴講者が研究会に参加された。参加者からは毎回，熱心な質問が出され，企業の中国ビジネスに対する関心の高さをうかがうことができた。

　2021 年は第 14 次 5 カ年計画（21〜25 年）の初年度に当たる。7 月には中国共産党の設立 100 周年を迎え，翌 22 年には 5 年に一度の党大会も控える。経済，政治の両面で大きな節目となる中国を理解するため，本書が少しでも参考となれば幸いである。

　2021 年 6 月

日本経済研究センター首席研究員兼中国研究室長

**湯浅健司**

# 目　　次

# 第4章

## コロナ禍を乗り切った中国の技術力

# 第5章

## 「コロナ」で進化したプラットフォーマー

# 第6章

## 人民元の国際化とデジタル人民元

# 第**7**章

## ポスト・コロナの中国自動車産業

# 第**8**章

## コロナで変わる対中越境 EC

# 第1章

# 巨大化する中国,「経済強国」へ突き進む
## ──日本企業はいかに商機をつかむか

日本経済研究センター 首席研究員
**湯浅健司**

## ◉ポイント

▶中国経済は新型コロナウイルスの影響から脱して,2021年は高い成長が見込まれる。習近平政権は2035年までに先進国への仲間入りを目指しており,その前に国内総生産(GDP)の規模で米国を抜く可能性も出てきた。世界経済は中国への依存度を高めざるを得ず,中国の影響力は一段と強まる。日本企業には好むと好まざるとに関わらず,新たな商機を探る柔軟な姿勢が求められる。

▶日本経済研究センターの調査では,日本のビジネスパーソンの半数以上は中国が生産拠点や市場として持つ意味を重視している。ポスト・コロナをにらみ,企業はリスクをかわしながら中国の経済回復の波に巧みに乗ることができれば,日本や欧米市場の不振をカバーし,持続的な成長が可能となるはずだ。

▶自動車メーカーは機敏にコロナ後の需要を捉えて,販売を伸ばしている。製薬大手のように中国が持つビッグデータを活用した新たなビジネスを模索する例もある。日本企業にはこうような戦略性に富んだ事業展開を期待したい。

## ◉注目データ ☞

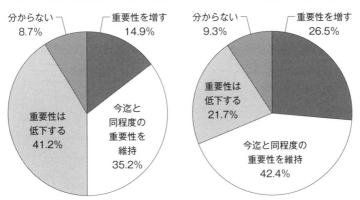

（出所）日本経済研究センターの2020年「日本企業のビジネスパーソン3000人調査」より

## 1. コロナ禍乗り超えた中国経済

　中国は新型コロナウイルス（以下，新型コロナ）の感染拡大に苦しみなが
ら，強力な統制力をもって，これを抑え込み，世界に先駆けて疲弊した経済の
再建を果たした。2020年後半には主要な経済統計がほぼ前年並みの水準に戻
り，21年の実質経済成長率は8%前後という高い水準が予想される。

### 1.1　V字回復を果たす〜IT駆使して感染抑制

　2020年から21年にかけての中国経済は，まさにジェットコースターのよう
な動きを見せた（図表1）。中国国家統計局の発表によると，新型コロナの感
染拡大直後の20年1〜3月期の国内総生産（GDP）は実質ベースで前年同期
比6.8%減少となった。四半期ベースのマイナス成長は中国の比較可能な統計
では初めてのことだ。しかし，4月以降，急速に立ち直り，4〜6月期の成長率
は3.2%とプラス成長に転じ，V字型回復に成功。21年1〜3月期は1年前の
マイナス成長の反動もあり，18.3%という驚異的な数字を残した。20年通年の
主要な経済統計の増減率を見ると，輸出や新車販売台数などコロナ前の19年
より改善したものまである（図表2）。

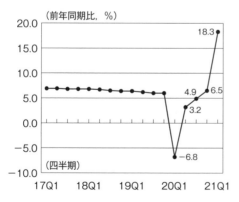

**図表1　実質成長率の推移**

（前年同期比，%）

（出所）国家統計局の統計から

**図表2　主な経済統計（前年比増減率）**

| | 2019年 | | 2020年 |
|---|---|---|---|
| 実質経済成長率 | 6.0% | ↓ | 2.3% |
| 固定資産投資 | 5.4 | ↓ | 2.9 |
| 社会消費品小売総額 | 8.0 | ↓ | -3.9 |
| 新車販売台数 | -8.2 | ↑ | -1.9 |
| 輸出 | 0.5 | ↑ | 3.6 |
| 輸入 | -2.8 | ↑ | -1.1 |
| 工業生産 | 5.7 | ↓ | 2.8 |
| 消費者物価 | 2.9 | ↓ | 2.5 |
| 全国調査失業率（年末時） | 5.2 | → | 5.2 |

（出所）図表1と同じ

　欧米や日本などの先進国，あるいはアジアの新興国などが復興に苦しむ中，なぜ，中国だけがいち早く経済を巡航速度に戻すことができたのか。最大の要因は強力な国家の指導の下，新型コロナの封じ込めに成功したことにある。発生当初は当局が情報発信を怠るなど対応のまずさが指摘されたが，震源地とされる湖北省武漢市から感染者が全国へと広がると，指導部は直ちに武漢を都市封鎖した。北京市や上海市など他の大都市でも市民の外出を制限したり，一人ひとりにマスクの着用だけでなく，健康状態を逐一監視する追跡アプリ「健康コード」の利用を半ば強制的に要求したりした。「健康コード」は中国が得意とするインターネット技術を駆使して開発されたもので，全地球測位システム（GPS）の位置情報や個人の診察履歴などのデータを紐づけして解析し，感染リスクを判別する。商業施設や交通機関の入場者に提示が求められ，「知らないうちに感染してしまう」リスクの抑制に効果を発揮したとされる。

　一連の取り組みが奏功し，2020年4月には，止まっていた工場の操業が徐々に再開し始めた。5月22日には全国の新規感染者数がゼロとなり，経済活動が平常化に向かった（図表3）。経済統計のうち，工業生産は1月から3月までマイナスだったが，4月にはプラスに転換。7月には1年前の水準にまで

**図表3　中国における新型コロナウイルスを巡る主な動き**

| 2019年12月8日 | 湖北省武漢市で最初の感染者が発症 |
|---|---|
| 2020年1月9日 | 中国政府，新型コロナウイルスの検出を発表 |
| 1月20日 | 習近平国家主席が対策に全力を尽くすよう指示 |
| 1月23日 | 中国当局，感染が拡大した武漢市を事実上，封鎖 |
| 1月24〜30日 | 春節休暇（2月2日までに延長），各地で工場が休止 |
| 1月25日 | 上海ディズニーランドが営業中止 |
| 1月27日 | 海外への団体旅行禁止 |
| 1月30日 | 世界保健機関（WHO）が緊急事態宣言 |
| 2月上旬 | 春節休み明けの工場の操業再開遅れる |
| 2月17日 | トヨタ，日産，ホンダが中国工場の操業を一部再開 |
| 2月24日 | 全人代の3月開催延期が決まる |
| 3月5日 | 習主席の訪日延期決まる |
| 3月10日 | 習主席が武漢入り，「新型コロナを基本的に抑え込んだ」と発言 |
| 4月8日 | 武漢市の封鎖解除。このころから各地で工業生産の再開始まる |
| 5月12日 | 上海ディズニーランドが営業再開 |
| 5月22日 | 全人代が開幕／新型コロナの新規感染者ゼロに |

（出所）各種の報道から筆者作成

戻った。5月以降,北京や新疆ウイグル自治区のウルムチ市,山東省青島市,翌21年の年明けには河北省など局地的に新規感染者が発生したが,当局はその都度,都市封鎖と大規模な PCR 検査を繰り返し,陽性患者の隔離を徹底させて新たな感染拡大を抑えてきた。

　強固な防疫体制の下,生産の素早い立ち直りとともに,輸出や投資も経済をけん引した。海外の主要国がコロナ禍に苦しみ工業生産がままならない中,中国はその代替生産の役割も担って製品を輸出した。もともと得意だったマスクなど防疫関連品やパソコンなど IT 製品の需要が世界中で拡大したこともあり,輸出額は月を追うごとに伸びていった。米中対立の影響から,ドルベースの輸出額は 2019 年に伸び悩み,20 年 1～2 月は前年比マイナス 17.2％という落ち込みを記録していたが,夏場から急回復し,20 年通年ではプラス 3.6％と 19 年より 3.1 ポイントも高い伸び率となった。

　投資の拡大を促したのは不動産開発だ。コロナ禍で春先に経済活動が停滞したため,マンション価格が下落。これを「買い時」と見た人の購入熱が高まり,政府も景気刺激のため不動産投資を容認したことから,各地で開発が進み,経済復興を下支えしたとされる。

## 1.2　21 年の注目点は～政治の年,経済運営は積極的に

　2021 年の中国経済はどうなるのだろうか。最大の不安要因は新型コロナ感染の再拡大だが,コロナ以外で注目すべきは,主に①米国の新政権との関係とその影響②国内の政治状況③第 14 次 5 カ年計画——の 3 点である。

　米国では,中国と厳しく対峙してきたトランプ氏が大統領選挙で敗れ,2021年 1 月,バイデン政権が誕生した。新政権は欧州や東アジア,太平洋諸国との同盟関係を再構築し,いわば西側の反中統一戦線を結成するような形で,中国への対決姿勢を一段と強めようとしている。例えば,日本,インド,オーストラリアとの「Quad（クアッド）」と呼ぶ枠組みを提唱して連携を深めたり,4月 16 日（日本時間 17 日）には菅義偉首相とワシントンで会談し,改めて日米同盟の結束を示す共同声明を発表。その中で「台湾問題」を明記し,中国の東シナ海などでの動きを強くけん制した。

　これに対し,習近平政権は国内の反米世論を背に受けて,表面上は一歩も引

かない姿勢をみせ，米国との関係は長期戦になるとの気構えである。ただ，一方ではバイデン政権とは「これ以上の関係悪化は避けたい」という本音もちらつく。

　日米首脳会談の直前の4月15，16日，中国政府は上海市でケリー米大統領特使と気候変動問題について協議した。同特使は中国共産党の序列7位である韓正・副首相とも会談している。中国は環境問題を対話のチャネルとして，そこから米中関係の緊張緩和の糸口を探ることになるだろう。習政権はトランプ政権時を上回るような対米関係の悪化は避けたい考えであり，関係修復をにらんで和戦両様の構えで臨むはずだ。したがって，21年は19〜20年に比べれば，米中対立が経済に与える悪影響は軽減されると思われる。

　2021年は国内の政治状況にも目を配る必要がある。7月には中国共産党の設立100周年を迎え，翌22年には5年に一度の党大会が控える。2つの政治的に大きな節目に際して，指導部はなんとしても経済の安定を図ろうとするだろう。国内に指導部の正当性を示すため，積極的な経済運営を展開するとみられる。また，社会の混乱を避けるために国民の生活安定を第一とし，大企業による独占禁止や不正競争防止を強化すると思われる。20年から目立っているアリババ集団などネット大手に対する締め付けは一段と強まりそうだ。

　2021年は第14次5カ年計画（21〜25年）の初年度にも当たる。中国の研究者からは「5カ年計画の期間中，中国の潜在成長率は5〜6%であり，政府は年平均で5%前後の成長を目指すべき」（李雪松・中国社会科学院工業経済研究所副所長）[1]との指摘が多く聞かれる。平均5%の成長を目指すなら，初年度はそれより高めの成長率が必要となる。

　2020年の反動もあり，21年の中国経済は過去5年間よりは高めの成長率となることは間違いない。内外の主要機関の予測を見ると，国際通貨基金（IMF）が21年4月時点で「8.4%」とするなど，多くは8%前後とみている。中国政府は21年の成長率目標を「6%以上」としているが，これは控えめな数字であり，実際は目標を上回ることは間違いない。

## ２．経済強国へのシナリオ～米中対等時代の到来

　足元ではコロナ禍を乗り切った中国は，米国との対立という難題を抱えながらも，一段の発展へと突き進もうとしている。「経済強国」としての地歩を固めて国際的な影響力を増し，米国との覇権争いを勝ち抜く構えだ。2035年を目標とした長期戦略を策定し，GDPの規模で米国を追い越す可能性すら出てきた。

### 2.1　先進国の仲間入り目指す～「双循環」が基本戦略

　習近平指導部は2020年10月に開いた中国共産党中央委員会第5回全体会議（5中全会）において，第14次5カ年計画の基本方針とともに，35年までの長期目標を固めた。長期計画については「35年に1人当たりの国内総生産（GDP）を中等先進国並みにする」としたほか，新華社が配信した習氏による同計画の「説明」では「研究や試算では35年までにGDPと1人当たりの収入を2倍にすることは完全に可能である」との強気の見通しも示した。

　2021年から始まる第14次5カ年計画（図表4）には，こうした長期目標を達成するための具体的な施策が盛り込まれている。例えば，社会全体の研究開発費を年平均7％以上増やすことを明記した。「科学技術の自立自強を国の

**図表4　第14次5カ年計画の骨子**

| |
| --- |
| ①　発展の質・効率の向上に力を入れ，経済の持続的で健全な発展を保つ。経済の動きを合理的な範囲内に保ち，年度ごとに実際状況に応じて経済成長の所期目標を打ち出す |
| ②　革新駆動型発展を堅持し，現代的産業体系の発展を加速させる。科学技術の自立自強を国の発展の戦略的支えとする |
| ③　強大な国内市場を形成し，新たな発展の形を構築する。強大な国内市場の整備と貿易強国の建設を調和させ，国内・国際双循環を促進する |
| ④　経済の地域的配置を改善し，地域間の調和発展を促進する。質の高い発展に向けた経済の地域的配置と国土空間の基盤体系を構築する |
| ⑤　改革開放を全面的に深化させ，各種の市場主体の活力を引き出し，国有経済の配置最適化と構造調整を加速させ，民営経済の発展環境を改善する |
| ⑥　質の高い経済発展とハイレベルの生態環境保護を調和させながら推進し，GDP 1単位当たりのエネルギー消費量と二酸化炭素排出量をそれぞれ13.5％，18％引き下げる |

発展の戦略的支えとする」ためで，5年間の平均経済成長率を上回るペースで研究開発費を増やしていく。対米関係の弱点とされる半導体分野では材料や製造設備の技術開発に注力するなど，「技術開発の攻防戦に打ち勝つ」（李克強首相）構えである。

　5カ年計画と長期計画は，ともに米国との長期戦を前提として，国内の経済循環を主としつつ，国内と国際両面の経済循環を発展の土台にするという，「双循環」の考え方が基本となっている。米国に多くを依存しない自立的な経済構造を確立すれば，今後の中国経済が安定的に発展を続けることは十分に可能だという，大きな自信が色濃く反映されているようにみえる。

　一連の長期戦略を固めた2020年の5中全会では，共産党幹部の人事が盛り込まれなかった。通例に従えば，指導部の大幅な入れ替えが予想される22年の党大会を前に，習氏は自らの後継者を指名しなかった。これは，22年以降も習氏が党総書記の地位にとどまり，強大な指導力を保持する可能性が高いことを意味する。中国は，毛沢東氏以来，例のない巨大な権力を握る習氏が描くシナリオに基づき，米国と肩を並べる「経済強国」への道をまい進することとなろう。

## 2.2　2029年にはGDPで米国を抜く～日本経済研究センターの試算

　「先進国の仲間入り」という35年までの長期目標はどのくらい現実味があるのだろうか。日本経済研究センターは2020年12月，アジア・太平洋地域の15カ国・地域を対象にした2035年までの経済成長見通しをまとめた。多くは，新型コロナの感染拡大が鎮静化しGDPの規模がコロナ前の19年の規模に戻るには今後4～5年かかる，というシナリオのもと，中国の名目GDP（ドルベース）の規模は29年にも米国を超えると予測した（図表5）。

　2019年に実施した同じ調査では「35年までには中国が米国のGDPを追い抜くことはない」とみていた。今回の調査では新型コロナへの対応と影響の違いから，米中の間では就業者数や研究開発（R&D）費などの見通しに大きく差が生じるため，「米中逆転が実現する」と予測を見直した。米国でコロナ禍の鎮静化がさらに遅れる深刻化シナリオでは，標準シナリオよりさらに1年早い28年に逆転するとみている。ただ，1人当たりの所得は，35年時点でも中

図表5　中国のGDPは2029年にも米国を抜く

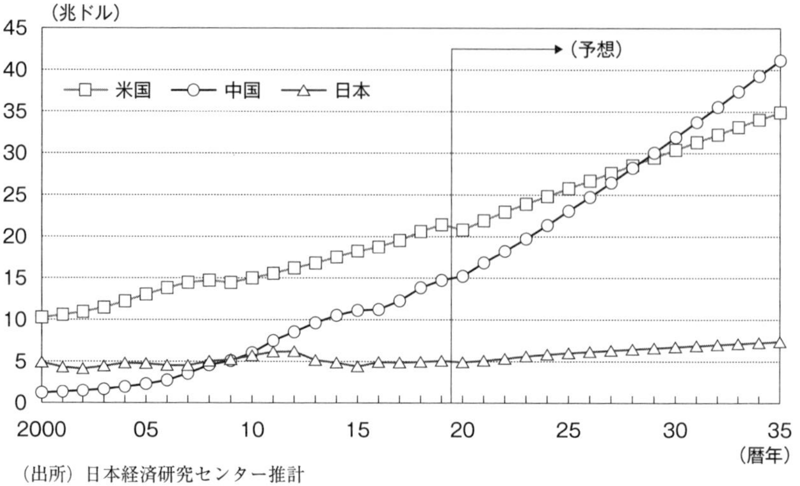

（兆ドル）

（予想）

（出所）日本経済研究センター推計

国は約2万8000ドルに過ぎず，米国（約9万4000ドル）や日本（約7万ド
ル）との大きな差は残る見込みだ。

## 3．広域経済圏の形成急ぐ中国〜日本はどう向き合うか

　2008年にリーマン・ショックが起きた際，中国は4兆元（約60兆円）の経
済対策を打ち出して真っ先に景気を回復させ，世界経済の復興のけん引役も果
たした。今回のコロナ禍でも，中国経済はその影響からいち早く脱し，21年
の経済は一人勝ちの雰囲気が漂う。
　世界を震撼させる巨大な危機が発生するたびに，中国はそれを乗り越えて国
際的な影響力を強めてきた。トランプ政権下で米中対立が激化する過程では，
中国の景気が悪化し，チャイナ・ビジネスを悲観する声が増えていた。「ポス
ト・コロナ」の世界経済では中国に対する悲観論はかすんでしまい，多くの
国々が頼りにするようになっている。
　中国も米国をにらみつつ，世界に与える影響力を生かした「独自の広域経済
圏づくり」を急ぎ始めている。その動きはアジアから環太平洋地域，さらには
欧州へと広がる。日本はこれにいかに向き合うべきか，改めて，その戦略性が

問われている。

## 3.1 「一帯一路」構想～ユーラシア大陸からアフリカへ影響力

　習近平政権は発足当時から米国を意識した「広域経済圏づくり」に乗り出している。「一帯一路」構想がそれである。

　2013 年 9 月，習氏は訪問先のカザフスタンで「シルクロード経済ベルト構想」を，同年 10 月にはインドネシアで「21 世紀海上シルクロード構想」をそれぞれ表明した。翌 14 年 11 月に北京市で開催したアジア太平洋経済協力会議（APEC）では，中国が総額 400 億ドルを出資する「新シルクロード基金」の設置を打ち出し，これらの動きを受けて，15 年 3 月，国家発展改革委員会と外務省，商務省が共同で「一帯一路」構想を正式に発表した。

　陸路である「シルクロード経済ベルト」は中国から中央アジアを経て欧州へ，海路の「21 世紀海上シルクロード」はインド洋を経由して欧州へとつながる。米国がアジアへ勢力を広げるなら，中国は自らの西域であるユーラシア大陸で影響力圏を構築しようというもので，沿線国には資金や高速鉄道や高速道路，港湾などのインフラ整備支援，IT 技術などを提供して関係強化を図ってきた。近年では，その対象を遠くアフリカや中南米にまで伸ばしつつあるが，一部の国では中国への融資の返済が難しくなったり，インフラ建設が計画より大きく遅れたりするケースも生じている。

## 3.2 RCEP から TPP へ～欧州とは投資協定

　中国の台頭を改めて印象付けたのが，2020 年 11 月 15 日に日本などが署名した東アジアの地域的な包括的経済連携（RCEP）への参加決定である。

　RCEP では品目ベースで輸出入にかかる関税の 91％が段階的に撤廃されるほか，貿易や知的財産，データ流通など約 20 の分野で共通のルールが作られる。加盟する 15 カ国の貿易額は合計で世界の約 3 割を占め，巨大な経済圏を形成することになる。

　中国は「一帯一路」構想のような特定国への経済支援や，中国が主導する形で東南アジア諸国連合（ASEAN）やオーストラリアなどと個別に貿易協定を結ぶケースはあったが，RCEP のような大型の自由貿易協定には前向きではな

かった。海外から再三批判されている知的財産の保護や国有企業改革に及び腰であり，他国との共通のルールに自国の政策が束縛されるのを嫌ってきた。

しかし，トランプ政権下で米国との対立が深刻化する中，アジアでの孤立を恐れ，様々な譲歩を示して RCEP 参加に踏み切った。例えば，日本からの輸入では，自動車部品や鉄鋼製品，家電など関税を段階的に撤廃する方向だ。自国の産業への影響は小さくないが，それでも習近平政権はアジア各国との貿易を拡大させ，影響力を保つ道を選んだ。

15 カ国の中で，中国の経済規模は抜きん出て大きい。加盟国全体の GDP に占める割合（2019 年）でみると，中国の比率は 55.5％と半分以上であり，2 番目の日本（19.6％）の 3 倍近い。実体経済においても，すでに各国は国際的なサプライチェーン（供給網）を通じて中国に多くを依存するようになっており，RCEP により生まれるアジアの巨大な経済圏は，中国を核として絆を一段と強めていくのだろう。

習近平国家主席は RCEP 参加に署名した 5 日後の 11 月 20 日，環太平洋経済連携協定（TPP11）への加入について「積極的に考える」と表明した。

TPP は元来，オバマ政権が対中包囲網をつくるために提案したものだ。米国はトランプ政権に替わって参加を見送ったが，日本はバイデン新政権になれば米国も考えを改めて TPP に復帰することを期待していた。そこへ突然，中国が割り込んできた形だ。

TPP には国有企業への補助金問題など乗り越えなければならない高いハードルが設けられており，中国の参加は容易ではない。ただ，中国も国内各地に自由貿易試験区を設けるなど，TPP を想定した準備を重ねてきている。参加に向けた体制整備を国内の反対勢力を駆逐し改革を進める原動力にする，といった思惑もあるとみられ，習政権は真剣に TPP への道筋を探るだろう。そうなれば，中国を巡る経済圏は一層，巨大で強固なものとなることは間違いない。

中国はさらに 2020 年 12 月末，欧州連合（EU）と投資協定を結ぶことでも合意した。中国にとっては RCEP に次ぐ大型協定となる。EU は中国との連携を強めることでコロナ禍で疲弊した経済の立て直しを急ぐ。中国も米国抜きの経済圏形成のためには EU を自陣に引き込むことが欠かせない。協定の発効に

より欧州から投資拡大も期待できる。米国に大きなプレッシャーをかけるのに成功した形だ。

## 3.3　日本はいかに向き合うべきか

　米国に対抗して海外への影響力を増す中国と，日本はどう向き合えばいいのだろうか。安全保障の面では警戒感を保ちつつも，経済の面では連携を継続せざるを得ないだろう。

　新型コロナの発生以降，両国政府の交流はしばらく停止していたが，2020年11月には中国の王毅外相が来日した（図表6）。王氏は帰国後，感染を警戒した一定期間の待機が必要となったが，それでも訪日に踏み切った。主な目的は，日本側と途絶えたままとなっていたビジネス目的の往来の再開など，経済面での協力強化を話し合うことにあった。

　2021年に入って米国でバイデン政権が誕生し，前述したように4月の日米首脳会談では台湾問題に言及した共同声明が発表された。中国は米国との絆を強くする日本に不快感を示す一方で，日本との経済連携にかける熱意は失っていない。2019年は多くの地方政府が繰り返し大規模な訪日団を送りこみ，投資誘致に熱を入れた。20年に入って渡航が禁止された後も，インターネットを通じたリモート会議を開いたり，動画投稿サイト「ユーチューブ」を使った

**図表6　最近の日中間の主な動き**

| 2019年11月 | 安倍首相（当時）と中国の李克強首相が習近平国家主席の20年春の国賓訪日で合意 |
|---|---|
| 2020年 1〜2月 | 中国で新型コロナウイルス感染拡大。発生源とみられる湖北省武漢市から日本人とその家族ら計828人がチャーター機で帰国 |
| 3月 | 日本政府，習主席の国賓来日の延期決定 |
| 4月 | 日本政府，入国拒否の対象を中国全土に拡大 |
| 5月 | 中国，全人代で「香港国家安全法」の制定を採択。秋葉剛男外務事務次官が孔鉉佑・駐日大使に懸念伝える |
| 8月 | 尖閣諸島周辺の接続水域内を中国公船が過去最長の111日間，航行 |
| 9月 | 自民党の保守系有志議員らが習主席の国賓来日をやめるよう決議文<br>菅義偉首相が就任後初めて習主席と電話会談 |
| 11月 | 日本政府，中国からの入国拒否を解除<br>日中外相会談でビジネス往来の月内再開で合意 |
| 2021年 1月 | 菅首相，中国，韓国など11カ国・地域とのビジネス往来の一時停止を表明 |

（出所）各種の報道から筆者作成

PRビデオを配信したりと，交流の継続に必死になっている。日本への期待は
コロナの前も後も変わってはいない。

　こうした中国の熱意に対して，日本は中国を拒み遮断するのではなく，経済
発展への協力を通じて中国への影響力を保ち続けることが大切である。日本が
好むと好まざるとにかかわらず，中国はアジアや欧州で存在感を増している。
中国の台頭に問題が生じれば，各国と連携しながら，望ましい姿に導いていく
ことが重要であり，そのためには常に一定の影響力を保持しておかなければな
らない。中国を嫌ってばかりでは，中国を核とした巨大な経済交流圏から孤立
するだけだろう。

　実際，日本経済の対中依存度はコロナ禍の影響で急速に高まっている。2020
年度の貿易統計（速報ベース）によると，日本の輸出総額は前年度比8.4％減
となったが，中国向けは9.6％増と大きく伸びた。半導体製造装置などが増加
したためで，これにより中国向けの輸出比率は22.9％と初めて2割を超え，米
国を抜いて世界最大の輸出先となった。

　中国市場に依存するのは，日本企業だけではない。中国商務省のまとめに
よると，2020年の海外からの対中直接投資額（実行ベース）は前年同月比で
4.5％増の1443億7000万ドルとなり，過去最高を記録した（図表7）。国別で
はオランダや英国など欧州勢や東南アジアからの投資増が目立つほか，関係が

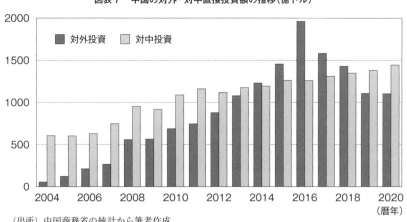

図表7　中国の対外・対中直接投資額の推移（億ドル）

（出所）中国商務省の統計から筆者作成

悪化している米国の企業も対中投資を控える様子は見られない。集計方法は異なるが，国連貿易開発会議（UNCTAD）のまとめでは，20 年の世界の対内直接投資額では，中国は米国を抜き最も多かった。

　こうした統計から，欧米企業のしたたかな姿勢がうかがえる。彼らは国家の相克を乗り越えて，常に成長の機会をうかがっている。日本勢は逡巡していれば商機を奪われかねない。中国からの秋波をチャンスととらえ，新たなビジネスチャンスを探るような柔軟な姿勢が求められる。

## 4．日本企業の中国ビジネス感〜ビジネスパーソン 3000 人アンケートから

　中国の日本企業への期待は高まる一方だが，ビジネスを取り巻く環境は必ずしも明るい材料ばかりではない。米中対立の行方はなお不透明であり，新政権が誕生しても米国の中国に対する警戒感は，簡単には解消されそうにない。そうした中，日本企業は中国ビジネスをどう考えているのだろうか。日本経済研究センターの調査をもとに，ビジネスパーソンの対中感を探った。

### 4.1　「コロナ」に対する中国政府の責任

日本経済研究センターは日本経済新聞社と共同で 2020 年 7 月，上場する日本企業で働く 3000 人のビジネスパーソンを対象に，米国や中国に対する意識について，アンケート調査を実施した。

　中国と新型コロナの関係について，「新型コロナの発生と世界的流行について，中国政府に責任はあると思うか」との質問に対しては，51.7％が「強く思う」，34.2％が「やや思う」と，8 割を超える回答者が中国の責任を感じていることが分かった。ただ，コロナ禍を乗り切った中国は今後，「国際的な影響力を拡大すると思うか」との問いには，「大きく拡大させる」は 18.6％，「どちらかと言えば拡大させる」は 26.4％となり，「低下させる」（15.6％），「大きく低下させる」（8.5％）を大きく上回った。

　米国では中国の影響力拡大を警戒して，中国との製品や資金，人材，技術の流動を断ち切るべきとする，いわゆる「デカップリング（分断）」の議論がある。アンケートでは米国政府が日本政府にデカップリングの実行を求めた場

合，それらを断ち切るべきかと訊いたところ，「強くそう思う」は10.7%，「どちらかと言えばそう思う」が20.9%と約30%の人が肯定する一方，「どちらかと言えばそう思わない」は20.4%，「まったくそう思わない」が14.6%と，デカップリングに否定的な考え方がわずかに上回った。

## 4.2　約7割が中国は「市場として重要」

　調査では中国が生産拠点として，あるいは市場として，今後の日本経済にとって持つ意味もたずねたところ，いずれも肯定的な回答が多かった。生産拠点としての意味は「今後も重要性を増す」が14.9%，「今後も今迄と同程度の重要性を維持する」が35.2%となり，半数がその重要性を指摘した（図表8）。さらに，市場としては，26.5%が「今後も重要性を増す」，42.4%は「今後も今迄と同程度の重要性を維持する」と，7割近い回答者が重視する姿勢を示した（図表9）。

　日中両国が協力して推進すべきと考えている事業や領域については（複数回答），環境分野が最も多く45.1%，次いで安全保障分野が34.6%，政府間の交流が28.1%，公衆衛生分野が21.0%だった。

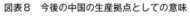

図表8　今後の中国の生産拠点としての意味　　　図表9　今後の中国の市場としての意味

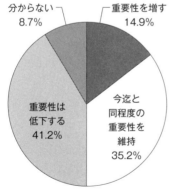
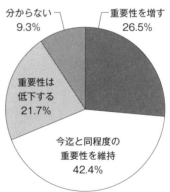

（出所）日本経済研究センター「日本企業のビジネスパーソン3000人調査」より

（出所）図表8と同じ

# 5.「ポスト・コロナ」の対中戦略

　日本のビジネスパーソンへのアンケート結果からは，中国が世界に与える影響力の増大を強く意識しつつ，引き続き日本にとっての重要性が増すという認識に基づき，中国での商機をつかみたいという企業の姿勢が鮮明になった。

　これまで述べてきたように，世界を見渡せば，コロナ禍が収束し経済回復が顕著になっているのは中国だけだ。ポスト・コロナをにらみ，長期的に考えると，世界最大のマーケットを持ち，生産拠点としても重要な中国を簡単に放棄はできない。リスクをかわしながら経済回復の波に巧みに乗ることができれば，日本や欧米市場の不振をカバーし，企業の持続的な成長が可能となるはずだ。最後に，先行事例をみながら，中国ビジネスの今後を考えてみたい。

## 5.1　機敏な自動車メーカー

　ポスト・コロナの中国ビジネスを先取りしているのが自動車メーカーだろう。

　中国の 2020 年の新車販売台数は前年実績比は 1.9％減の 2531 万 1000 台と，3 年連続のマイナスとなった。新型コロナの影響で生産，販売ともに年前半は滞ったためだが，4 月以降は政府の補助金支給などによる消費刺激策が効果を表して市場は急速に立ち直り，単月ベースでは 5 月から 11 月まで 2 ケタ増が続いた。

　春以降の需要回復を見越して，コロナ禍の中で真っ先に動いたのがトヨタ自動車だった。報道によれば，まだ，中国各地で感染が広がっていた 2020 年 2 月上旬，豊田章男社長は一時帰国していた中国事業の幹部を一斉に中国に戻すとともに，操業が止まっていた工場の立て直しに向けた体制整備を指示した。現地政府もトヨタの感染拡大防止の取り組みを支援し，官民が連携する形で 2 月半ばから生産，販売を段階的に再開していった。他社に先駆けた素早い対応によって，5 月の中国の販売台数は，好調だった前年実績をさらに 20％も上回るほどに回復。通年では 10.9％増の 179 万 7500 台となり，終わってみれば 20 年の中国ビジネスは過去最高を記録する絶好調の 1 年となった（図表 10）。好

図表10　日系大手3社の中国新車販売台数の推移（万台）

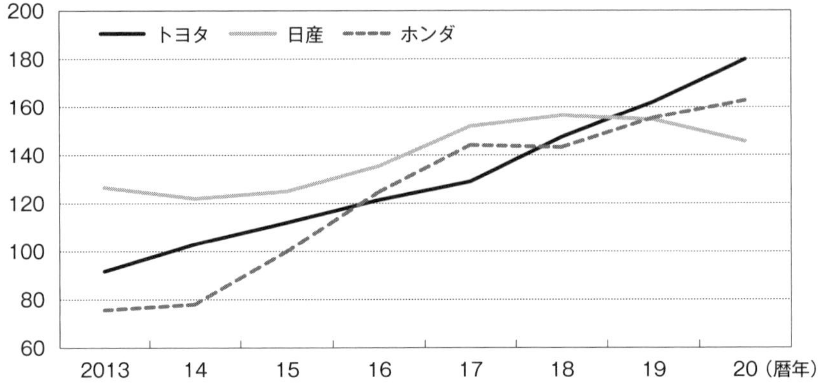

（出所）各社の発表から筆者作成

調だった中国がけん引役となって，2020年のトヨタ・グループの世界販売台数は独フォルクスワーゲン（VW）を上回り，5年ぶりに首位に返り咲いている。

　日系メーカーではホンダも着実に中国で販売台数を伸ばした。2020年通年では4.7％増の162万7000台で，2年連続で過去最高を更新。日産自動車は5.8％減の145万6700台とやや苦戦したが，マツダ，三菱自動車を加えた日系5社の合計販売台数は1.7％増の517万6000台となり，乗用車市場全体に占める日系ブランドのシェアは19年の21.9％から1.2ポイント拡大して23.1％にまで高まった[2]。

　ポスト・コロナを巡り，機敏な動きを見せた自動車メーカーは日本勢だけではなかった。VWは2020年5月下旬，中国の国有自動車メーカーの江淮汽車グループ（JAC）に10億ユーロ（約1300億円）を投じて50％出資するとともに，電気自動車（EV）分野での提携を強化すると発表した。

　VWはこれまで第一汽車や上海汽車など国有大手と乗用車を合弁生産し，中国でのシェアトップの座を保ってきた。中堅メーカーのJACは販売苦戦が続いており，再建のため，JACの地元出身である李克強首相がドイツのメルケル首相を通じて，VWに支援を求めたとされる。同社は全人代が閉幕した翌日の5月29日，全人代の会場だった北京・人民大会堂でJACとの提携に調印。

政治的にも強いメッセージを世界に発信した。米中の対立が深刻化する中，世界の自動車業界を代表する VW はあえて中国ビジネスのアクセルを踏み込み，成長が期待される中国の EV 市場での展開を有利に運ぶ狙いがあったとみられる。

## 5.2 「リベンジ消費」「中国人材」を取り込むチャンス

　自動車に限らず，ポスト・コロナの中国ビジネスは，政府の景気刺激策などに反応して回復してくる需要を，いち早く取り込むことがカギとなる。

　中国では 2020 年，自粛や節約の反動需要を表す「報復性消費」（リベンジ消費）という新語が流行した。「リベンジ」の対象はモノやサービス，旅行などが代表例だ。資生堂の魚谷雅彦社長は 20 年 5 月に行った決算会見で，「中国はリベンジ消費という言葉に象徴されるように，デパートなど店頭の集客がコロナ前に戻っている」ことから，「中国市場で戦略的に投資していきたい」との考えを示した[3]。

　キユーピーも消費の回復をにらみ，積極投資に踏み切る。2021 年 1 月に広東省広州市で約 30 億円を投じてマヨネーズとドレッシングの工場を立ち上げ，中国での生産能力を 2 割高める。コロナ禍で増えた「巣ごもり消費」を捉えるとともに，徐々に立ち直っている外食向けにも幅広く製品を売り込む構えだ。食品メーカーでは同社のほか，明治も 21 年から 24 年にかけて，江蘇省蘇州市や天津，広州，上海市で乳製品などを生産する工場を順次稼働させていく計画だ。

　中国が抱えるリスクを逆手にとる手段もある。2020 年は国内企業の業績悪化により，中国では新卒大学生の就職難が顕在化した。これは日本企業にとって，優秀な中国人の人材を獲得するチャンスでもある。企業の人事担当が単身，中国に乗り込み人材探しをすることは難しいが，代行サービスを活用すれば学生へのアクセスは十分に可能だ。

　人材コンサルティングの ASIA to JAPAN（東京・千代田区）は 2017 年から定期的に中国をはじめとするアジアの理科系学生を日本に招待し，都内で企業の担当者との面接会を開催している（写真）。同社は学生の日本語教育も支援しており，企業側は北京大学など有力大学で学ぶ，優秀で日本語も話せる中

**ASIA to JAPAN が開いた企業とアジアの学生の面接会** (東京)

国人材を容易に選別できる。20年以降は日本の入国規制に対応してオンラインで面接を実施し, 企業のニーズに応えている。

## 5.3 ビッグデータに注目～製薬会社の新たな試み

中国は今や, デジタル技術で日本の先を行く。人工知能 (AI) やビッグデータなどの最先端技術を駆使したビジネスが次々と生まれている。こうした中国の強みを自社の製品開発に活かそうとする日本企業も目立ってきた。

塩野義製薬は2020年11月, 中国の保険最大手, 平安保険グループと合弁会社を設立するとともに, 現地に医薬品の研究拠点を開設した。

平安グループは中国の約2万カ所にのぼる医療機関と提携して, 契約者らを対象にオンライン診療サービスを提供している。専用アプリを通じて患者を問診し, AIが最適な医師を紹介してオンラインで診断を受ける仕組みだ。

塩野義製薬はこのサービスを通じて市販薬などを販売するとともに, 平安保険のオンライン診療から得られる膨大なデータを活用した新薬開発や, 疾病予測をして, その予防策を提案するヘルスケア・サービスを考えている。個人情報をビジネスに活用しやすい中国ならではの発想といえる。同社の手代木功社長は平安保険との共同会見において「日本でやれないようなことが中国ではできる」と話している[4]。

エーザイも中国が持つ巨大な市場と医療データに狙いを定めている。2021年初めにネット通販大手の京東集団 (JDドットコム) と合弁で, 認知症に特

化したオンライン診療サービス事業を始める計画だ。認知症専門医が登録する専用サイトを通じて，患者らが症状や治療方法などを医師とやりとりするもので，そこで得た患者のデータを中国向けの新薬開発につなげるという。

オンライン診療サービス事業では，オムロンもユニークなビジネスモデルを構築する計画だ。現地の薬局チェーン大手と提携し，2030年までに中国全土で糖尿病など生活習慣病の簡易検査を受けられる店舗を開設する。病気の疑いがある利用者には通院を促すほか，健康状態をオンラインで管理する体制も整え，利用者は自宅で医師の診療を受けられる遠隔医療サービスにつなげる戦略である。

日本では医師の指導が必要なため，薬局が簡易検査サービスを提供するのは難しいが，中国は薬剤師の管理だけで診断に準ずる簡易検査が可能という。オムロンも中国市場の柔軟性に着目し，日本にはない新規ビジネスを立ち上げようとしている。

## 5.4　発想の転換を〜ゲームチェンジの勝者になれるか

今回のコロナ禍においては，日中間のサプライチェーンが分断され，日本から基幹部品や部材を中国に送ることができず，中国での生産が滞るケースがあった。ポスト・コロナを考えるうえで，事業の継続性を確保するためには，基幹部品の生産を中国に移管するといった，大胆な戦略も検討すべきだろう。その際，技術漏洩の不安がつきまとうが，事業の独資化など漏洩防止策を徹底しながら，中国での一貫生産体制を構築する工夫が求められる。

中国では技術の進歩や市場の変化が激しい。経済再建が急がれるポスト・コロナの下では，その動きは一段と加速するはずだ。目まぐるしく変わるユーザーのニーズに機敏に対応するには，研究開発拠点を現地に設ける必要もあるだろう。

日本電産は2021年にEV向けの駆動モーターの開発拠点を遼寧省大連市に開設する。約1000億円を投じて建設中の工場内に設けるもので，EV用のほか家電製品などに使うモーターの開発にもあたる。人員は日本の中核拠点と同規模の1000人を配置し，世界で最も競争が厳しい中国のEV関連市場での顧客獲得を目指すという。独コンチネンタルなどライバルメーカーも同様に，中

国での開発拠点を整備しつつある。

　先進国の仲間入りを目指す中国は，政府も企業も一段の成長を目指して死に
もの狂いになっている。市場では競争の激化が予想され，日本企業もその競争
に巻き込まれざるを得ない。その際，将来性とリスクを見極め，中には事業の
継続を断念するケースも出てくるかもしれない。コロナ禍に苦しむ状況は，企
業が中国ビジネスを冷静に考え直す，良いタイミングかもしれない。

　しかし，ポスト・コロナは新たなプレーヤーが台頭できる「ゲームチェン
ジ」の時でもある。企業は柔軟な発想のもと，将来につながる戦略を構築でき
れば，ゲームの勝者となるチャンスは少なくないはずだ。ビジネスが難局を乗
り切って，中国の長期的な発展につながれば，中国との「ウイン・ウイン」の
関係も構築できる。

　キヤノンの中国事業のトップを務める小沢秀樹氏は日本経済新聞のインタ
ビューで「企業の健全な成長は中国経済の持続可能な発展とは切り離せない」
（2020年6月3日朝刊）と話している。2021年は中国経済が大きく伸びる年と
なる。経済連携を期待される日本企業が欧米など他の国や地域に先行して，Ｖ
字回復の大きな波に乗ることを期待したい。

［注］
1　中国新聞網「建议“十四五”期间中国经济年均增长目标设在5%左右」2020年11月17日
　（https://www.kdocs.cn/l/ssyxw0qxDtw8?f=301）。
2　業界団体の全国乗用車市場情報聯席会調べ。
3　資生堂のポスト・コロナ戦略は第8章を参照。
4　『日本経済新聞』2020年11月5日朝刊。

# 第2章

# 中国消費市場におけるマーケティング戦略
## ──外食産業を事例としたモデル考察

一般社団法人日中協会理事長，中央大学ビジネススクール名誉フェロー

**服部健治**

## ◉ポイント

▶新型コロナウイルスの感染拡大を受けて，中国における日本企業のビジネス環境は大きく変化した。ポスト・コロナをにらみ，改めて企業の対中投資戦略のあり方が問われている。旺盛な消費市場の動態と拡大する小売企業の隆盛に注目し，中国の小売市場，特に外食産業におけるマーケティング戦略を考察する。

▶中国ビジネスにおける戦略的意思決定の構成要素には市場分析や企業活動の永続性の確保，現地化とグローバル化の対応，実地に即したマーケティングなどがある。これらの観点に基づき企業は新規に戦略を見直し，地に着いた経営を実行する時期に来ている。

▶現地での外食産業の調査を踏まえ，「TARGETING」「TENANT」「TEACHING」「TQC」「TEMPO」の5つのキーワードに合致したマーケティング戦略「烏龍茶」（5つの論理のT）モデルを提唱したい。

## ◉注目データ ☞ 中国の消費市場に適応した「烏龍茶」モデル

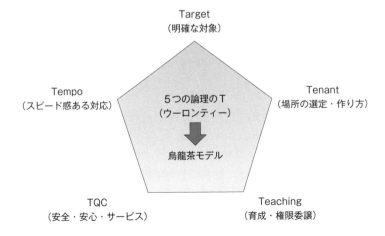

# 1．4回目の対中投資ブーム～台頭する消費市場をいかにとらえるか

　中国が1980年初頭から本格的に改革開放政策を実施して以来40数年が経過する。日本企業の対中投資は，この40数年間，様々な紆余曲折を乗り越えて着実に拡大してきた。筆者も1980年代，90年代は中国本土のビジネスの現場で日本企業の対中投資を支援し，2000年代以降は学究の場で，絶えず中国ビジネスの現場をウォッチしながら対中投資の戦略経営の考察，研究を続けてきた。

## 1.1　増大するサービス業の対中投資

　日本企業の対中投資ビジネスにおいては，過去4回の波，あるいはブームがあったと考える。いうまでもなく第1回目は1980年代であり，多くの日本企業は開放された中国市場に関心を向け，委託加工が始まった。垂直分業の時代と言える。1989年の天安門事件でそのブームは頓挫するが，その後，88年に締結された日中投資保護協定が本格的に効力を発揮するにつれて，90年代初めから第2回目のブームが始まる。中国が「世界の工場」に変化していく時代であり，日本企業の加工貿易は隆盛を迎える。水平分業の時代と言える。この投資ブームも日本経済のバブル崩壊やアジア通貨危機の影響によって下火となる。

　2001年に中国が世界貿易機関（WTO）に加盟すると，巨大な中国市場が世界経済秩序に組み込まれることになり，第3回目の対中投資ブームが起こってくる。中国でモノを作り中国国内で販売する「世界の市場」の台頭でもある。巨大化した中国市場に経営上の対応をいかに行うかが迫られる一方，日中間の領土問題を巡る政治摩擦が徐々に顕著になり政治問題が経済に影響し，中国市場に対するカントリーリスク問題も話題となってくる。このブームも08年のリーマン・ショックの影響によって終焉を迎える。

　しかし，リーマン・ショックからいち早く立ち直りを見せた中国市場，とりわけ国内の消費市場の拡大に日本企業は魅了され，2010年代初頭から第4回目と言ってもいい投資ブームが始まる。日本企業の対中投資はサービス産業

（非製造業）が7割近くを占めるようになり，グローバル市場に変貌した中国市場にいかに販路を構築するかが問われてきた。残念なことに，これも尖閣諸島をめぐる日中船舶の衝突と2012年9月の大規模な反日暴動により，日中関係は急速に冷却化してしまう。

　政治関係の悪化により，日本企業の対中投資はかつてのような勢いは見られなくなった。しかし，中国市場に関心が無くなったわけでない。同時に，日本の地方の中小，中堅企業も含めて日本企業の中国への投資，あるいは進出が一巡したことも関心が薄くなっていく大きな要素として存在する。他方，自動車関連や電子部品などのメーカー，さらに小売，外食，介護，運輸などのサービス企業の対中投資は増大を続け，2017年頃からこれまでの4回目の投資ブームの延長として徐々に投資の回復傾向が出てきた。だが，その矢先に新型コロナウイルス（以下，新型コロナ）の感染拡大を受けて，対中直接投資は減少する。とはいっても，2020年上半期は新型コロナウイルス感染症の影響で日本の対中直接投資額は前年同期より3.9％減少したが，輸送機械を中心に製造業の投資額は2割増加した[1]。

## 1.2　小売業における対中戦略を再考

　コロナ禍にあって，日本企業の新規投資案件は下降しているが，このことは日本企業が中国市場への投資をあきらめたり意欲が低減したことを意味していない。多くの日本企業は中国ビジネスにおける戦略的転換を模索している。その背景には，中国市場の内需喚起を受けて内販型企業への転換，競争激化に対応した現地法人の「現地化」，"世界市場の中における中国ビジネス"という認識のもとに現地法人のグローバル企業へどう脱皮を図るか，といった課題と指摘できる。新たな戦略転換の時期に来ている。この転換の方向性は早くは今世紀初めから始まっており，コロナ禍にあって加速される傾向にある。中国経済がいち早く回復傾向にあることもあり，日本企業の動きはますます敏感になっている。

　また，一時話題に上がった新型コロナによる日本企業の中国からの撤退，あるいは中国を軸とするサプライチェーンの転換といった状況は実際のところ大勢ではない。中国で業務を行う日本企業のサプライチェーンの安全性が問

題となったのを受けて，2020 年 4 月に日本政府は 2435 億円に上る補助金を計上し，日本企業のサプライチェーン改革の費用に充当するよう促した。現実には，華南，華東地区に進出している日本企業の生産基地では変更するような動きは報告されていない[2]。

　こうした動向を見ると，改めて日本企業の対中投資戦略のあり方が問われている。とりわけ台頭する消費市場におけるマーケティング戦略のあり方が研究される必要がある。旺盛な消費市場の動態と拡大する小売企業の隆盛に注目が集まっている中にあって，今一度，中国の小売市場におけるマーケティング戦略の基本，特に日本企業の優位性，独自性に合致した課題を見出さなければならない。この問題は従来からあまり注目されてこなかった。本稿では中国の小売市場，特に外食産業に的を絞り，マーケティング戦略のあり方を考察する。

## 2．中国ビジネスにおける戦略決定～いくつかの視点から

　企業経営にあって「戦略」とは，不確実性で予見困難な経営環境と情報不足のもとで企業目標を達成するために，新製品，新市場をどう選択するかを決める意志決定である。同時にビジネスの外部環境に適応するための目標とそれを実現するための経営組織体の育成のことである。

### 2.1　市場分析～新中間層の台頭の掌握を

　中国ビジネスにおける戦略的意思決定の構成要素はいくつか含まれる。その第 1 は中国市場分析。これは中国市場に合った製品，技術，顧客ニーズを把握するためであり，競争の実情と購買力の分析に重点がおかれる。競争の把握には，中国の市場経済の実態を知ることがまず問われる。中国経済はすさまじい発展を遂げたが，巨大な国有企業が市場を占有している実態があり，商習慣にしても市場として依然未成熟な部分がある。そのことは不完全な法秩序，国家の関与が強いといった点と関連し，市場の不規則性が大きいといわざるをえない。また，国土の広さ，大きな消費者規模から生じる市場の多様性も顕著で，新規参入の可能性の度合いを測る企業集中度の分析等々がもっと検討されなければならない。購買力の大小強弱には階層，年齢，職種，地域等の相違を考察

する必要があるし，近年注目されている新中間層の掌握も肝要である。

　日本企業はこれまで，人口ピラミッドのトップに位置する「富裕層」に向けて販路を拡大してきた。それが近年，富裕層自体の規模が膨張してきたのみならず，その下に位置するいわゆる中間層も購買力が増してきた。その階層は新中間層と称される。今やマンションや自動車も買えるし，旅行需要も旺盛である。富裕層を対象とした経営戦略に慣れ親しんだ日本企業は，この階層にどのような販売を展開していいのか，まだ十分に掌握していない。むしろこの階層を相手に戦ってきた多くの中国企業が実力を蓄え，上にいる富裕層に食い込もうとしている。そのために競争が激化するのは必至だ。

## 2.2　企業の永続性をいかに確保するか

　戦略的意思決定の第2の要素は，中国市場での企業活動の永続性の確保である。これには顧客と製品の関係を分類し考察した国際的な経営学者 H. イゴール・アンゾフが提唱した「アンゾフの成長ベクトル（マトリクス）」（図表1）が中国市場にも適用でき参考となる。経営学においては古典的な命題であるが，その有効性は今日も活きている[3]。

図表1　アンゾフの成長ベクトル

| 顧客＼製品 | 既存 | 新規 |
|---|---|---|
| 既存 | 市場浸透<br>・市場シェア拡大<br>・購買のリピート頻度の引き上げ | 製品開発<br>・魅力ある新製品の開発<br>・製品のハード面とソフト面の研究 |
| 新規 | 市場開発<br>・販売地域の拡大<br>・幅広い年齢層への展開 | 多角化<br>・新製品による新規市場の創造<br>・新規事業の展開 |

　従来の製品をなじみの顧客に販売していただけでは，中国企業に負けていく。新製品を開発して従来の顧客に販売するか，新規の製品を新しい顧客にいかに販売するかが，中国市場を確保し，企業活動を持続できるかにかかっている。つまり，製品の比較優位か，顧客の比較優位か，どちらか先に中国市場に地歩を確保することが問われている。

## 2.3 現地化とグローバル化の対応

　第3は企業の持つ「強み・弱み」の整理だ。自社のポジション優位は何であるのかを整理し，早期に発見することである。製品の品質，価格，ブランド力，顧客，行政との関係，流通など，様々なファクターが隠れている。また，組織能力としては現地化とグローバル化の対応がこれまで同様に肝要である。その経営方針と関係して現地の地域統括会社（いわゆる傘型企業，投資性企業）と本社の事業ドメイン（カンパニー，事業本部）との関係，つまり指揮系統（人事権を含む）と予算配分（財務執行権も含む）などの流れ，並びに整合性をもう一度チェックすることが問われている。

　これも古くて新しい問題であるが，今世紀に入り一貫した全社的な中国向けマネジメントの構築が迫られてきた。本社との機能をまったく捨象した地平で現地法人の対中投資経営戦略を研究しても一面的といわざるをえない。現地・本社が一体となった経営戦略とヒト・モノ・カネ・情報の有効な資源分配が組織体に根付くことが問われている。

　中国ビジネスのキーワードは依然として「現地化」である。それにはいくつかの戦略経営の柱がある。まず人的資源管理。この問題は中国人幹部の養成とすぐに理解されがちであるが，まず取り組まなければならないのは，派遣日本人職員の再教育である。社長を意味する「総経理」といった中国語呼称の再検討からはじめて，若手職員の中国経験の蓄積，中国駐在経験のある退職者の活用，中国語，中国の近現代史の学習，異文化適応訓練，危機管理・安全対策といった派遣前研修の充実が必要である。このことは以前から強調されていることであるが，やはり軽視してはならない。

　中国人幹部の育成には，給与体系の底上げよりも昇進制度の見直しの方が重要である。彼らはカネよりは権限をより強く求める。個人主義が強く理念より実利・実用を重視するし，上意下達の体質が強い。この分野で人的資源の現地化が進んでいるのはコマツである。

## 2.4 実地に即したマーケティング戦略

　次にマーケティング。販売方式に関しては，どの階層を販売対象にするかを絞り込む「階層限定型」と特定の省や地域に特化して販売する「地域限定

型」の2つがある。前者で成果を上げてきたのは三菱エレベーター，資生堂，TOTO，三越伊勢丹などであり，後者ではサントリー，イトーヨーカ堂，平和堂などを指摘できる。マーケットの規模が大きくなった中国市場では，2000年代から生産と販売を分離して，情報集約，販売代理店の監督などを傘型企業が担っていく方式が主流となっている。第3次産業の拡大に伴って，中国市場ではサービス産業が活性化し，そのためにより一層実地に即したマーケティング戦略が求められている。

　その他「現地化」戦略では，競争激化に対応した技術移転の促進（R&D センターなど），資金調達と情報源の多元化（そのためには中国系，香港系金融機関の活用），マスコミ対策の一環としての広報の役割の重視，法務，ロジスティックの拡充，広告・宣伝の強化，中国人弁護士の活用などが充実されなければならない。

　ここ10年，中国政府は内需喚起と外資選別の政策を実行してきており，これまでの廉価な労働力を外資に活用させる「比較優位論」の政策から，物流ネットワーク，イノベーション，産業クラスター重視の「産業集積論」に基づく地域開発に転換してきた。その端境期に発生したのが，東部沿海地方で発生した労働争議である。賃金の上昇により，賃上げ圧力はやや鎮火したが，最近では中国政府が主導する経済ナショナリズムの台頭がある。外資選別方策の延長であるが，このことに関連して日本企業にとっては，やはり新規に戦略を見直し，地に足の着いた経営を実行する時期に来ているといえる。

## 3．中国の小売業市場の拡大と変化

　この十数年，中国の経済成長をけん引しているのは「最終消費」であり，投資と輸出が中国経済をけん引する時代から消費が主導する時代に大きく変わった。そのことは2012年に第3次産業が第2次産業を凌駕し，それ以降，第3次産業が経済をけん引している実態がなによりも明白に語っている。

　消費構造の変化は，年齢構成や消費スタイルの変化に影響を与えている。改革開放後にブレイクした「80后」（パーリンホウ）「90后」（チュウリンホウ）の世代に今では「00后」（リンリンホウ）の世代も加わり，彼らが新しい消費

スタイルを形成するとともに，富裕層の巨大化と相まって，量から質の重視，モノからサービス，そしてネット活用へと激変してきた。質の重視とは商品の安全性，機能性，高級感などを求めるようになって来たことであり，サービスに付加価値を求めるようになった。中国のネット通販は，アリババ集団による「淘宝網」の開設や「支付宝（アリペイ）」の支払い決済方式の導入によって急激に拡大した。

　こうした消費形態の変化と第3次産業の発展により，小売売上高もここ10年近く，名目ベースで10％台の高い伸び率を続けてきた[4]。2020年はコロナ禍で一時は大きく下落したが，最近，また急激なV字回復を見せている。特に海外旅行の国内回帰や自動車販売など高価格帯の財・サービスの需要は急速に回復している。

　消費構造の拡大を基盤に第3次産業（サービス産業）に従事する企業の増大が顕著となり，小売企業の強大化が出現している。2020年はコロナ禍で別としても，2010年以降の10年，社会消費品小売総額（小売販売額と外食産業の売上高）の伸び率は9％台から14％台で推移してきた。その過程で小売業企業の巨大化が進み，例えば「2018年度中国小売100強企業リスト」[5]では，100強企業の総売上高は7兆3500億元（約114兆円）に達し，18年の社会消費品小売総額の実に20％近くを占めた。100強企業のうち販売額1000億元以上の企業は7社で，上位順に天猫，京東，拼多多，蘇寧易購集団，大商集団，国美電器，華潤万家である[6]。その中でも1位から3位はネット通販大手である。ネット通販企業が上位を占める状況は，2010年以降急速に進み，中国の小売市場の新しい変化を特長づけている。ネット通販企業の躍進の反面，電子商取引（EC）に乗り遅れた仏系大手小売業のカルフールは19年夏に中国市場からの撤退を決めた。

　ちなみに100強企業にランクインした日系企業は，イオン（永旺中国投資）が51位，ファミリーマート（上海福満家便利）69位，セブンイレブン（柒一拾壱中国投資）88位，イトーヨーカ堂（成都伊藤洋華堂）93位である。

　小売業の中でも，特に外食産業は中国で改革開放後，急速に拡大して来た。業態別売上高では，ファーストフードが2割近くを占めるようになってきたが，依然，7割がテーブルサービスのある，いわゆるフルサービス飲食店であ

る。『中国餐飲報告（白皮書 2017)』によると，外食産業の料理の種類では，売上高ベースで火鍋が２割強，次にビュッフェ形式の店が１割強を占める。当然ながら中国各地の料理，例えば四川，広東，江南料理店などは多いものの，食生活の多様化を反映してファーストフード，西洋料理，日本料理，パン・デザートなど店舗も増加し，売上高を伸ばしている。

　近年日本への観光ブームに呼応して，日本料理の外食産業企業も頑張っている。しかし，急激に拡大する外食産業にあっては日本料理店にも同じように課題が大きい。１つは人件費の上昇と店舗経費の増大である。２つ目はますます普及するキャッシュレス社会に対応した経営システムの構築が問われている。３つ目は拡大する宅配サービスへの適応がある。４つ目は競争を勝ちゆくための新しい経営の発想転換である。

## ４．外食産業に向けたマーケティングミックス

　中国における消費構造，消費形態，小売サービス業の動向，そして外食産業を外観してきた。ここでは，外食産業の日本企業が中国の現場でいかに生き延び，発展するか，その経営戦略，とりわけマーケティング戦略に特化して考えてみたい。

### 4.1　中国におけるマーケティングミックス「４つのP」

　よく知られている通り，マーケティング戦略の具体的戦術として，マーケティングミックスと言われる「4つのP」（PRODUCT, PRICE, PLACE, PROMOTION）がある。中国の外食経営の実情を踏まえて，中国市場を開拓する４つのPを考察すると以下のようになる。このことは筆者がこれまで実施した現地調査の実情も加味したもので，外食の商品によって具体的内容は変わるとしても基本的な方針は同じと思える。

① 　PRODUCT：日系企業の店舗，日本のお店ということが最大の売りである限り，日本の"味"，日本メニュー，日本的作法，日本的ムードの基本を失わず，同時に現地店舗のモチベーションを高めるために現地の材料を柔軟に加味していくことである。これは顧客満足を向上させるマーチャンダイジ

ング（商品化計画）である。

② PRICE：中国の消費者には日本ブランドは質がいいが高いというイメージがある。消費者の対象は中間層であり，外食は庶民の味なので，リーズナブルな価格設定を目指さなければならない。価格にサービスが付帯して加味されることによって差別化ができる。差別化のない価格設定は顧客満足に合致しなくなる。分かりやすく言うと，“高くても美味しい”の範囲がどこまで可能かがポイントである。気をつけなければならないのは，中国市場で起きやすい安売り合戦は避けることである。

③ PLACE：小売業，とりわけ外食産業は立地業とも言われる。立地・店舗は非常に重要な要素である。誰に，何を，どのように売るかはストア・コンセプトの基本的な要素であり，立地・店舗設計はこの要素をもとに決定されるべきである。より細かく述べると，店舗の構え，レイアウト，備品，配色，デザインなども考慮されるべきである。

立地条件の動向に関して，消費構造の変化の1つに東部沿海地方から内陸への波及という変化がある。内陸でも大都市部では購買力は高い。日本企業の外食の基本は大都市部が主力で，ブランド戦略の上からも旗艦店は大都市の一等地に構えることで経営戦略の意味が違ってくる。

④ PROMOTION：プロモーション（販売促進）は商品並びに店舗を周知させる上で極めて重要である。店舗から消費者（プッシュ戦略），消費者から店舗（プル戦略）の双方向を駆使して，従業員，組合，関係企業，地域社会への周知徹底，新聞，チラシ等のパブリシティの活用，メディアを通じた広告，イベント，展示会等での人的販売など，あらゆる手段で販促をする必要がある。これに成功したのはハウス食品である。カレーライスという食事を知らなかった中国の庶民はいまや家庭でも作るようになって来た。それは長年のプロモーションの成果である。

## 4.2 マーケティング戦略のモデル化のための5つの仮説

マーケティングミックスをもとに，日本企業が中国の外食市場において，より実行力のある経営戦略を立案するうえで必要と思われる仮説を図表2のように5項目設定する。

**図表２　モデル化のための５つの仮説**

仮説１ ▶ 消費に関心が高いのはボリュームゾーンといわれる新中間層であり，消費者としての「関与」は高い。

仮説２ ▶ 日中両国では文化や習慣，嗜好や色彩感覚が異なるので，日本的品位を取り入れつつ中国人の生活に適応した店作り，店舗選択が肝要。

仮説３ ▶ 異文化である中国人とコミュニケーションに時間を割き，将来幹部となる人材育成や権限委譲に力をいれることが必須。

仮説４ ▶ 使うこと，食べること，見ること等の消費意欲を満足させる基本に心がけることは，高い品質管理と安心・安全の重視。

仮説５ ▶ 潜在的な消費意欲のある中国消費者に対して，旺盛な消費意欲を満たすための飽きさせないテンポ，スピード感が必要。

　これら５つの仮説が実行性ある内容であることを実証するために，２つの方向から検討を始める。１つは経営学の理論的知見と照合して仮説の適応性を検証することである。これらは先行研究と呼ばれる。２つ目は現実の日本企業の実例を通じて，仮説の検証を試みる。

　まず，第１の方向から検証する。それは５つの仮説を実現させるために必要な経営学上の見地から，先行する妥当な理論的知見を見出し，検証を加えることである。先行研究の知見とは，①消費者行動論における関与・知識水準モデル②異文化コミュニケーション論に基づくＵカーブモデル③アカルチュレーションモデル④シンプル・ルール戦略⑤マズローの欲求段階説──である。

　①　関与・知識水準モデル

　関与・知識水準モデルとは，消費者行動を４つに分類し分析した理論[7]である。高関与・低関与・高知識水準・低知識水準の４つのカテゴリーがあり，４つの象限に分かれる（図表３）。「関与」とは，消費者の購買意志決定のプロセスのことであり，ある事象，商品，活動などに対して消費者が知覚する重要性や個人的関心といえる。

　第一象限は，高関与・高知識水準で，消費者本人にとって関与は高く，頻繁に購入しているため知識水準も高い。自分で判断する力があるため，高価なものでも良い物であれば購入する。すなわち第一象限は費用対効果をみるタイプといえる。第二象限は高関与・低知識水準である。消費者本人にとっ

**図表3　消費者行動論における関与・知識水準モデル**

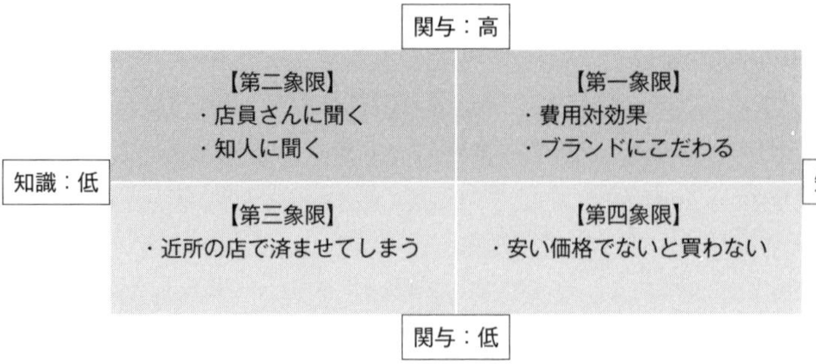

関与：高

| 【第二象限】 | 【第一象限】 |
|---|---|
| ・店員さんに聞く<br>・知人に聞く | ・費用対効果<br>・ブランドにこだわる |
| 【第三象限】 | 【第四象限】 |
| ・近所の店で済ませてしまう | ・安い価格でないと買わない |

知識：低　　　　　　　　　　　　　　　　　　　知識：高

関与：低

（出所）Peter and Olson（2010）

て関与は高いが，商品のことをあまり知らないため，店員さんや知人などに聞くケースである。第三象限は低関与・低知識水準である。本人にとって関与は低く，特にこだわりもないため，近くの店で済ませてしまう場合が，この象限にあたる。そして第四象限は低関与・高知識水準にあたる。知識水準はあるが関与は低いため，価格が安くないと購入しない場合である。

　通常，消費者は消費経験を積むことにより知識水準の低い状態から高い状態へ時間経過とともに動く。発展途上国の消費者は，お金もなく物流不足により欲しい物がすぐに手に入らない状態が多いため，高関与・低知識水準の人が多いように思われる。経済が発展すると，個人所得が増え，物流インフラが整備されてくると欲しいものが手に入るようになる。中国のような急成長している国では第二象限から第一象限へ移動する頻度が先進国と比較して活発だと思われる。

② Uカーブモデル

　Uカーブモデルによると[8]，異文化への移動後，新たな刺激や発見を楽しむ高揚の時期を経た後，自分が慣れ親しんだやり方が通用しなくなり，対人関係も思うようにいかないことにより，不適応感を経験する時期に入る。この時期を経て，少しずつ環境に慣れ，物事のやり方の違いを受け入れられる「適応期」に入る。このプロセスをU字カーブで表している（図表4）。人によって適応期の長短に差異が生じるが，日系企業が中国に進出してから1年以上経過している企業を調査対象とすることにより，「適応」状態である

か，または「適応期」に近い企業とみる。

③　アカルチュレーションモデル

　アカルチュレーションとは，異文化への異動後に，人が認知・態度・行動面で受け入れ先の文化に近づいていく変化のことをいう。受け入れ先と出身国のそれぞれに対してどのような態度をとるか，という観点から４つの型に分類した（図表5）。「統合」や「同化」の場合は適応度が高く，分離や周辺化の場合は適応が悪いという傾向がある。適応の型としては両方の文化を積極的に受け入れる「統合」が最も望ましい。「統合」では，自分が持ち込んだ文化を維持しながら受け入れ先の文化にも近づく。これにより，異文化と自国文化の違いの把握を通して両文化を超越した視点を持ち，相手や状況によって行動の調整ができるようになる。すなわち，日本文化と中国文化を取り入れた「統合」の状態が最も望ましいということになる。

④　シンプル・ルール戦略

　発展途上国のような成長は速いが，不安定な市場においては，シンプルなルールだけを決めて，臨機応変に対応していくのが良いとする経営戦略である。アイゼンハートは「ファースト・ムービング・マーケット」という概念を提示し，企業環境の変化においてスピードを強調している。急速に変化しつつ，構造も曖昧といった特徴を持つファースト・ムービング・マーケットでは，従来の戦略論が通用しない場合がある。複雑で変転の絶え間ない市場

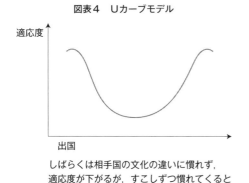

図表4　Uカーブモデル

適応度

出国

しばらくは相手国の文化の違いに慣れず，適応度が下がるが，すこしずつ慣れてくると文化の違いを理解し，「適応期」に入る。

（出所）八島・久保田（2012）

図表5　アカルチュレーション

高

自国文化の維持

低

| 分　離 | 統　合 |
| 周辺化 | 同　化 |

相手国文化への適応　　高

「統合」は，両方の文化を積極的に受け入れるため最も望ましい

（出所）図表4と同じ

は，逆に高い成長と富の創造の可能性が大きいが，将来の予測は立て難い。このような場合には，できるだけ単純なルールを適用することが望ましい。市場の混乱を避けるのではなく敢えてその中に飛び込み，機会を捉えて状況に応じて柔軟にシフトすることが肝要である。その際，混乱をくぐり抜ける道標として，いくつかのシンプル・ルールがある[9]。

　ポジショニング戦略は変化が緩慢で構造が固定的な市場に最適である。ただ，状況が変化した時にポジショニングを変更するのが困難であり，動きが鈍く出遅れる可能性がある。市場環境が単純だった時代は，複雑な戦略を持つ余裕があったが，市場が複雑になった場合には戦略の方を単純化する必要がある。

　中国市場という不確実な市場を考慮した場合，従来の複雑なモデルであるポジショニング戦略，あるいはその他の戦略などを活用するのではなく，シンプル・ルール戦略を適用することが望ましいといえる。

⑤　マズローの欲求段階説

　マーケティングにおける消費者行動においては，欲求における心理学を考慮する必要がある。アメリカの心理学者・アブラハム・マズローは，人間の欲求を低次から高次の順に分類し，5段階の欲求階層を示した[10]。階層化された欲求とは，生理的欲求・安全欲求・愛情欲求・尊敬欲求・自己実現欲求の5つである（図表6）。第1段階が生理的欲求。これは人間が生きていくために最低限必要な生理現象を満たすための欲求である。第2段階が安全欲求（安定性欲求）。これは誰にも脅かされることなく，安全に安心して生活をしていきたいという欲求である。第3段階が愛情欲求（所属欲求・社会的欲求）。これは集団に属し，仲間から愛情を得たいという欲求である。第4段階が尊敬欲求（承認欲求）。これは他者から独立した個人として認められ，尊敬されたいという欲求である。そして，第5段階が自己実現欲求。これは，自分自身の持っている能力・可能性を最大限に引き出し，創造的活動をしたい，目標を達成したい，自己成長したいという欲求である。

　これらの欲求は，第1段階から第5段階へ高次となり，低次の欲求がある程度満たされないと，それよりも高次の欲求が発現しないとされる。逆に低次の欲求が満たされることによって，次の段階の欲求が芽生え，それを満た

図表6　マズローの欲求段階説

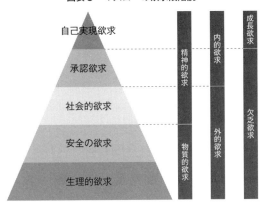

マーケティングにおける消費者行動においては，物質的欲求を心理学的に考察

すために行動を起こすと考えられている。中国では，国土が広大なために地方においては食事と生活の場に困っている人が依然存在する。第1段階から第2段階への範囲に該当すると思われる。大都市では第3段階に入っている。

## 4.3　仮説に基づく戦略策定

以上の5つの先行研究をもとにどのようにして戦略策定を導き出すのか。前述の5つの仮説の成否にどのように結びつくのかを考えたい。

第1の仮説は消費者行動の明確な対象，つまり「TARGETING」である。中国の新中間層を対象とした場合，これには消費者行動論における関与・知識水準モデルにおける「関与の高い」消費者の特徴（費用対効果やブランドにこだわる）や，マズローの欲求段階説における消費者の安全の欲求の高まりなどから，導き出される。

第2の仮説は場所の選定や店づくりの在り方に繋がり，「TENANT」と呼べる。店舗の内装やメニューの演出においては柔軟に対応し，中国式のアレンジメントを加えることが必要である。日本と中国では文化や行動様式が異なるので，中国のライフスタイルに応じた店作りが重要で，中国人が日系企業のお店に入店したとしても，心地よく食事空間を満喫することが可能となる。この

ことは，アカルチュレーションモデルにおいて，両国の文化を取り入れた「統合」が重要なポジションであるとする論拠と合致する。

　第3の仮説は人材育成活動であり「TEACHING」と称する。Uカーブモデルによると，時期を経ることにより環境に慣れ，物事のやり方の違いを受け入れられるようになる。また，アカルチュレーションモデルでは，異文化への異動後に，人が認知・態度・行動面で受け入れ側の文化に近づき，双方の文化を積極的に取り入れた「統合」が最も重要であると述べている。これらの論拠から示唆すると，日系企業の従業員は，当初は中国の文化や中国人の考え方が分からず指導することに苦労したはずである。しかし，少しずつ中国文化や中国人の考え方に慣れ，受け入れることができるようになる。

　中国の文化や中国人の考え方を理解し受け入れることができないと，なかなか日系企業の文化や仕事のやり方を中国人に教えることが難しい。異文化コミュニケーションを改善することにより，現地法人の幹部候補の人材育成が可能となる。そして，中国市場でのマーケティング戦略を考える上で日本人が考えるよりも中国人の考えるマーケティングの方が現地状況に即しているため，中国人の人材を教育し育成することは，将来的には大きな戦力となる。

　第4の仮説は，安心，安全な食事，食品を心掛けるために総合的な品質管理活動の重視は絶対であるということ。つまり「TQC」である。関与・知識水準モデルの消費者行動の視点から判断すると，消費が活発であるということは，欲しい物を手に入れようとし，第二象限から第一象限へと中国人消費者の知識水準が高くなる。そうすると外食産業においても消費者の味覚に対する嗜好の知識水準が高くなり，より美味しい味を求めるようになると思われる。味覚に対する知識水準の高まりにより，味だけでなく安全や安心といった「品質」を重視するようになってくると推定される。

　このことはマズローの欲求段階説による第一段階は生命維持のための食事を取ることが重要であり，それが満たされると第二段階である安全・安心の欲求を意識するようになることに通じる。すなわち，現在の中国人消費者は，安全・安心で「品質」の良い，美味しい食事を求めるようになっているといえる。

　第5の仮説は，発展する中国市場において，経済成長と消費意欲のスピード

のテンポに対応した経営行動が求められていることであり「TEMPO」と称する。「ファースト・ムービング・マーケット」の中国では，市場や企業環境の変化のスピードが速いため従来の安定した市場を対象とする戦略論では通用しないこともある。シンプル・ルール戦略として最低限のルールをもとに展開していくことも考慮されなければならない。

　関与・知識水準モデルの消費者行動においても，消費活性化の時代を経験すると，第二象限から第一象限への移動が早いため，消費者は商品やサービスに飽きやすくなる。したがって，企業は消費者を飽きさせないための新たなサービスや商品を提供する必要がある。さらに中国では，欧米や日本の従来のマーケティングや戦略論が通用しないといわれているもう1つの理由として，インターネットやECの普及が挙げられる。情報のスピードが速い中国市場では，テンポ＝速度が重要なファクターである。

　以上のように5つの仮説を先行研究に照らして探求すると図表7のようにまとめられる。

図表7　先行研究と5つの仮説

## 5．企業実証における事例研究

　経営学のマーケティング戦略を基礎によって導き出した5つの仮説が，現実の中国における日系外食企業によって実践されているのだろうか。実例を検証することで，仮説を証明していく。事例研究における企業選定には3つの基準を設けた。第1に，外食産業の日系企業であること，第2に，1年以上中国に進出していること，そして第3に，積極的な経営展開を行っていること，の3

点である。2014～17年に上海市を中心に，現地に進出する日系の外食企業を多数調査した。ここでは調査結果の一部として，重光産業（熊本県菊陽町）の味千ラーメン，牛丼チェーンの吉野家，壱番館が展開する「カレーハウスCoCo壱番屋」の3例を取り上げる。いずれも複数回訪問させていただき調査した。各社のヒアリング状況結果を行動分析に落とし込み，その行動分析について仮説との整合性を検証した。

## 5.1　味千ラーメン～味千（中国）控股有限公司

　味千ラーメンは台湾出身の重光孝治氏が創業した熊本市に拠点を置くラーメン店チェーン。2020年10月現在，日本国内に74店舗，国外に15カ国776店舗ある。海外のうち700店以上は中国国内で展開している。中国の店舗は，中国人女性実業家の潘慰氏が総裁を務める香港拠点の「味千（中国）控股有限公司」が日本の本店とライセンス契約を結び運営している。中国での経営は香港企業が主導だが，その根幹は日本的経営に基づく。

　味千ラーメンの事例研究を検証すると，「TARGETING」（事例：「ターゲットを新中間層においている」「戦略に一貫性を持つべく，自分たちが『ラーメン居酒屋』であることを明確にしている」），「TENANT」（「店内の壁に浮世絵がある」「中国の2人以上で食べる食文化を取り入れ，カウンター席ではなくテーブル席にした」），「TEACHING」（「中国人店員の衛生面に対する意識に，日本人の衛生面の意識を統合させている」「文化の違いに対して時間をかけ適応させている」），「TQC」（「安定的な味や品質の管理，調味料やスープの作り方は，一定の味と品質を確保する日本と同じにしている」「安全・安心なメッセージをテレビCMで流すことにより訴求している」）の4仮説において，実際の取り組みと整合した。

　しかし，仮説の「TEMPO」においては，新商品のスピード開発は意識しているが，オペレーションや指導，物流などの問題により対応ができていない面があった。

## 5.2　吉野家～吉野家（中国）投資有限公司

　吉野家は1992年に北京で第一号店を開き，米国で30年かかった100店舗

を中国では米国の半分の 14 年で達成した。中国での吉野家ブランドは香港に本社を置くフランチャイズ運営企業の合興集団控股有限公司と日本本社直営の「吉野（中国）投資有限公司」（2015 年 6 月設立，以前は吉野家餐飲管理（上海）有限公司）が運営している。合興集団は主に北京，東北 3 省，内モンゴル，青海，河南，香港の 451 店舗を運営し，吉野（中国）投資有限公司が上海，青島，深圳，福建，武漢の 74 社，台湾の 73 社を管理している。

　吉野家の事例研究を検証すると，「TARGETING」（事例：「新中間層をターゲットとしている」「中国の庶民が対象であることを明確にしている」），「TENANT」（「日本とは異なり，注文と支払，商品の受け取りを済ませてからテーブル席に着くスタイルにして成功した」「日本とは異なり，カウンター席がなく，多くは 2 人席テーブルで人と話せるような環境を作った」「店舗面積も日本の 2 倍以上の広さを意識している」），「TEACHING」（「中国人による中国人のための経営体制となるよう指導している」「日本の牛丼を中国人が理解して販売するということでアカルチュレーションモデルに該当」），「TQC」（「安全・安心な品質を保つために日本から牛丼の汁を輸入している」）の 4 つ仮説が，実際の取り組みと合致した。

　「TEMPO」においては，商品開発の面でスピード感をもって動いているわけではなかった。但し，不安点，不確実な市場において店舗評判がインターネット上に掲載された場合はスピード対応が迫られるとのことで，風評被害には素早く対応しているという。

## 5.3　カレーハウス CoCo 壱番屋～壹番屋餐飲管理（中国）有限公司

　CoCo 壱番屋は 2004 年 9 月に上海に一号店を出店。その後，ハウス食品の資本参加を受けている。中国全土で 50 店舗，台湾 23 店舗，香港 9 店舗を展開し，主な都市の店舗の数は上海 19，北京，成都が各 6，天津 5，広州，蘇州が各 3 となっている。

　CoCo 壱番屋の事例を検証すると，「TARGETING」（事例：「毎回 2〜3 品を買う消費者に合わせてメニューの改善を行い，客単価を向上させた」「カレーを食べられない人でも一緒に入店できるように入店率の向上を図った」），「TENANT」（「中国の流行ファッションの変化を取り入れ，内装をカフェの

ようなおしゃれな内装にした」「カウンターテーブルにし，店舗の広さも広く
している」），「TEACHING」（「研修を適宜行い，CoCo壱番屋の理念や価値観
の共有を図っており，店長を中国人から選出できている」，「日本で採用されて
いる等級制度を中国でも採用し，中国人のキャリアパスに対する自己実現意欲
を満たしている」），「TQC」（「牛肉を使い価格を高めにしても消費者に受けて
いる」）の4仮説において，取り組みが合致した。「TEMPO」においては，日
式カレーブランドの普及に努めており，スピード対応がそれほど求められてい
なかった。

## 5.4　5つの仮説に関する各社の総括

　5つの仮説について各社の適応行動結果を総括すると以下のようになる。
　【TARGETING】
　富裕層，新中間層，下層部の3つの層がある中国市場を理解したターゲ
ティング活動を行っている。特に，経済成長により所得層が増加している新
中間層をターゲットとしている企業が現地に適応したマーケティング活動を
行っているといえる。
　【TENANT】
　日本の文化や考え方だけでなく，中国の文化や考え，そして中国人の食習
慣を熟知した店舗作りを行っている。日本の経営ノウハウを基に，中国市場
に適応した選択であり，中国の外食店にはない付加価値を確立している。
　【TEACHING】
　日本と中国との考え方の違いを理解してもらうために時間はかかるが，何
度もコミュニケーションを図り，時間をかけ幹部を育てるための人材育成を
行っている。人材育成により，自社の商品を将来にわたって中国市場に広め
ていくことができ，責任感を持たせることにより商品のサービスブランドと
して一定の品質を確保することが可能となる。さらに中国人の考え方を理解
して，キャリアパスを明確にし，中国人のやる気を引き出している。
　【TQC】
　中国人消費者は国内での食品不祥事により日本人以上に安全・安心を好む
ようになっており，より良い品質のものを購入することに理解した行動をと

ろうとしている。企業は中国人消費者の「関与」にあったものを提供し，中国人消費者を飽きさせない工夫を行っている。

【TEMPO】

　基本商品やサービスの確実な提供や認知度アップに力がおかれていた。意外にも外食産業においては，消費者の商品に対する変化に対応するスピード感はやや疎いといわざるをえない。それは日本食という特殊性に起因するかもしれない。但し，契約関連業務の意思決定やローカル企業のオーナーとの交渉ごとで即断即決を意識している。

## 6．5つの仮説（論理）のＴ＝烏龍茶モデルに向けて

　今回は外食産業に絞って考察した場合であるが，5つの仮説は，現場のビジネス実践において日系企業でも重視され実践されている。より普遍的な中国の消費者市場に適応したマーケティング戦略においても，有効性があると思われる。

　この5つの仮説は，マーケティング戦略の論理または論法である。5つの頭文字は共通して「Ｔ」がつく。「5」は中国語で「ウー」と発音し，論理・論法の論の発音は「ロン」，「Ｔ」は英語で「ティー」＝茶である。よってこの中国

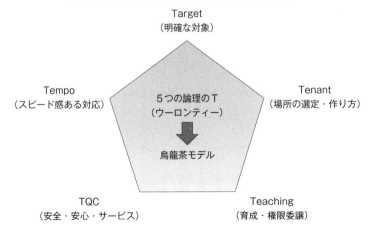

再掲図表8　中国の消費市場に適応した「烏龍茶」モデル

の消費者市場に適応したマーケティング戦略モデルを「ウーロンティー」＝「烏龍茶」モデル（図表 8）と称する。「烏龍茶」モデルが企業のマーケティング戦略策定のヒントとなるよう，より一層研究を深めていきたい。

[注]
1　『中国網　日本語版』2020 年 10 月 22 日。
2　「中日韓経貿合作交流会での報告（在太倉市）」2020 年 10 月 21 日。
3　アンゾフ（1956）及び（2015）参照。
4　「JETRO　概況・基本統計　中国」2018 年 2 月 1 日。
5　中国商業連合会「中華全国商業信息中心発表」2019 年 9 月 7 日。
6　「JETRO ビジネス短信」2019 年 9 月 13 日。
7　Peter and Olson（2010）.
8　Lysgaard（1955）.
9　Eisenhardt and Sull（2001）.
10　Maslow（1965）.

[参考文献]
一般雑誌：
太田一樹（2010）「日本企業の海外展開とマーケティング課題：中国での現地調査結果を踏まえて」『産業能率』No. 637，12 月。
大原聡（2004）「中国市場攻略の鍵となる「マーケティング力」と「現地人材」」『国際商業』37（1）。
霍紅（2010）「中国コンシューマーにおける消費トレンド（特集変貌する ASIAN CONSUMER）」『マーケティング・リサーチャー』日本マーケティング・リサーチ協会，pp. 26-31。
梶原幸絵・石鍋圭（2010）「日系企業の中国内販マーケティング」『ロジスティクス・ビジネス』12 月 10（9）pp. 20-23。
川端基夫（2008）「外食チェーンの中国市場進出　味千ラーメンはなぜ飛躍できたのか（特集　アジア流通市場参入モデルの検討）」『流通情報』No. 466，4 月。
黒政典善（2009）「外食＆小売　健闘組はセブン，サイゼリヤなど数社のみ」『エコノミスト』。
中井邦尚（2009）「地域別に見る 最新中国マーケティング事情」『ジェトロセンサー』9 月。
中村芳平（2011）「中国外食市場「成功」と「失敗」の分かれ目」『一冊まるごと中国ビジネス 2011』Vol. 2。
原井瞳（2011）「産業トピックス　中国での本格展開を目指す日系外食チェーン」『マンスリー・レビュー』8 月。
藤田綾（2004）「中国　日本企業が相次ぎ進出する中国外食事情」『世界週報』85 巻（4），pp. 54-56。
蓬莱明子（2004）「特集 2　ラーメン戦争も勃発!?　拡大する上海マーケット」『日経レストラン』7 月号，pp. 36-46。
渡邉邦彦（2011）「中国　外食産業にとっての「機」と「危」」『ジェトロセンサー』5 月。
十六銀行香港駐在員事務所（2004）「海外拠点レポート香港の日本料理店と拡大する中国の外食市場」『経済月報』No. 604，10 月号。
「中国華東地域の進出日系食品産業・外食産業実態調査」『JETRO 海外農林水産情報』No. 142，2005 年 3 月，pp. 1-35。
「駐在員の眼　上海市の外食産業の動向と法規制」『ジェトロ中国経済』2008 年 6 月号，日本貿易新

興機構。

学術雑誌：

汪志平（2010）「中国におけるマーケティングの発展」『札幌大学総合論叢』（29），3月。

太田一樹・唐慎睿（2012）「中国市場におけるマーケティングの成功要因の分析：中国の有名飲料「王老吉」のケース分析を中心に」『大阪経大論集』63巻3号，9月。

久世理恵子・管小鴿（2012）「中国の消費者動向とマーケティング戦略：中国市場で成功するための消費者セグメンテーション（特集中国における BtoC 事業の展開）」『知的資産創造』第20巻10号。

崔鵬鵬（2007）「中国における改革開放後の市場環境の変化とマーケティングの導入」『明治大学大学院商学研究論集』（26），pp. 309-323。

佐藤康一郎（2007）「日本の外食企業の中国進出」『専修経営研究年報第』No. 32。

関満博（2009）「中国進出中堅・中小企業の進路と課題（特集最新版チャイナマーケティング）」『りそなーれ』1巻1号，りそな総合研究所。

鶴岡公幸（2008）「中国における外食チェーンの事業展開」『宮城大学食産業学部紀要』2（1），pp. 75-82。

馬場一（2004）「国際マーケティング標準化─適応化フレームワークの再構築」『関西大学商学論集』49巻2号，pp. 73-99。

桝山誠一（2012）「日系中堅・中小企業の中国マーケティングにおける課題─市場ターゲティングと製品戦略を中心に─」『産業経済研究所紀要』第22号，中部大学産業経済研究所。

柳偉達（2005）「中国におけるマーケティングの導入について」『流通』（18），日本流通学会，pp. 159-170。

鷲尾紀生（2006）「中国市場における日系現地法人のマーケティング戦略の分析と検証」『経営教育』日本マネジメントスクール。

Berry, J. W., Kim, U., Power, S., Young, M. and Bujaki, M. (1989), "Acculturation attitudes in plural societies," *Applied Psychology: An International Review*, 38, pp. 185-206.

Eisenhardt, K. M. and Sull, D. N. (2001), "Strategy as a Simple Role," *Harvard Business Review*, January, pp. 107-116.（スコフィールド素子訳『シンプル・ルール戦略』Diamond ハーバード・ビジネス・レビュー，2001年，pp. 94-109）

Lysgaard, S. (1955), "Adjustment in a Foreign Society: Norwegian Fullbright Grantees Visiting the Unaited States," *International Social Scienci Bulletin*, VII, pp. 45-51.

Ghemawat, Pankaj (2010), "Finding Your Strategy in the New Landscape," *Harvard Business Review*, March.（編集部訳『新興国市場に適応する条件』Diamond ハーバード・ビジネス・レビュー，May 2011, pp. 146-165）

書籍：

H. イゴール・アンゾフ／広田寿亮訳（1956）『企業戦略論』産業能率大学出版部。

H. イゴール・アンゾフ／中村元訳（2015）『アンゾフ戦略経営論　新訳』中央経済社。

池田理知子，E. M. クレーマー（2004）『異文化コミュニケーション入門』有斐閣アルマ。

石井敏・阿部朗一・久米昭元（1987）『異文化コミュニケーション』有斐閣。

根本孝・諸上茂登（1988）『国際経営の進化』学文社。

八島智子・久保田真弓（2012）『異文化コミュニケーション論』松柏社。

八代京子・町恵理子・小池浩子・吉田友子（2009）『異文化トレーニング』三修社。

Keegan, W. J. (1995), *Multinational Marketing Management*, 5th ed., Upper Saddle River, NJ: Prentice Hall, pp. 378-381.

Maslow, A. H. (1965), *Eupsychian Management.* (原年廣訳『自己実現の経営』産業能率短期大学出版，1967 年。)

Peter, J. P. and Olson, J. C. (2010), *Consumer Behavior and Marketing Strategy*, 9th ed., MacGraw-Hill/Irwin.

Takeuchi, H. and Porter, M. E. (1986), "Three Loles of International Marketing," in Porter, M. E. (ed.), *Competition in Global Industries*, Harvard Business School Press. (土岐坤・中辻萬治・小野寺武夫訳『グローバル企業の競争戦略』ダイヤモンド社，1989 年)

※　本論文の骨子は筆者が中央大学戦略経営研究科（ビジネススクール）の在職中に，ゼミ生たちの中国での実地調査と研究創意をベースに作成したものである。

# 第**3**章 ────────────

# 変貌するグローバル・サプライチェーン
## ──日本企業は「地産地消」「選択と分散」

名古屋外国語大学教授
**真家陽一**

## ◉ポイント

▶日本企業にとって，喫緊の2大リスクは「新型コロナ」と「米中摩擦」。前者は
グローバルに拡大する感染症リスクであり，中国事業のウェート引き下げで対応
できる問題ではない。後者は大国間の覇権争いだけに，輸出・投資規制強化の動
向も含めて，中長期的な対応が求められるリスクといえる。

▶グローバル化の流れを止めることは困難であるし，少子高齢化に伴う人口減少を
背景に，日本企業は海外市場に活路を見出していかざるを得ない。そんな日本企
業にとって，米国も中国も経済的には重要なパートナーであり，二者択一はあり
得ないといえるが，米中摩擦によるデカップリングリスクも踏まえた上で，中国
ビジネスの戦略の再構築を検討していくことが求められている。

▶こうした状況下でのグローバル・サプライチェーンの再編において，医療関連用
品の国内回帰は安全保障の観点からある程度必要と考えられるが，日本国内にす
べての生産拠点を戻すことは現実的な対応とは言い難い。今後の方向性として
「地産地消」「選択と分散」等の動きが進展していくことが予想される。

## ◉注目データ ☞ 日本企業は貿易立国から投資立国へ転換する過程で複雑なサプライチェーン
を形成（グラフは日本の経常収支の推移）

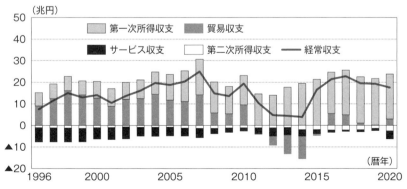

（出所）財務省「国際収支統計」を基に筆者作成

## 1．転換期を迎えるグローバル・サプライチェーン

　平成の時代に，日本の経常収支は貿易による黒字から投資による黒字へと変化した。財務省の国際収支統計によれば，日本の貿易収支の黒字は1996年の9兆346億円から2020年には3兆106億円に減少した。他方，直接投資による収支を示す第一次所得収支の黒字は同期間に6兆1544億円から20兆8090億円に増加した（注目データ）。すなわち，日本は貿易立国から投資立国に転換したのである。そして，日本企業はその過程の中で，複雑なサプライチェーン（供給網）をグローバルに形成してきた。

　令和の時代に入り，日本企業のサプライチェーンに大きな影響を及ぼしているのが，新型コロナウイルス（以下，新型コロナ）と米中摩擦だ。こうした中で，中国を巡るサプライチェーンは今後いかに変化し，それに対して日本企業はどう対応すべきであろうか。

　本章はこうした問題意識の下，まず日本企業にとって喫緊の2大リスクとなっている新型コロナと米中摩擦の推移を概観するとともに，サプライチェーンにも打撃を与えかねない米中の輸出・投資規制強化の動向を整理する。次に，グローバルな事業展開が必須となる中，日本企業の中国ビジネスの現状を欧米企業の動向とも比較しながら考察する。その上で，グローバル・サプライチェーンの再編における今後の方向性を展望するとともに，新型コロナによって顕在化した事業運営上の課題を検証することで，日本企業が中国ビジネスの戦略を策定するための参考に資することを目的とする。

## 2．新型コロナと米中摩擦の推移

　はじめに，感染拡大が長期化する新型コロナと，輸出・投資規制の強化を背景に深刻化の度合いが増している米中摩擦の動向について概観する。

### 2.1　企業経営に甚大なダメージを与えた新型コロナ

　中国で新型コロナの感染が拡大した2020年1〜2月，中国ビジネスに携わる

**図表1　SARSと新型コロナの比較**

|  | SARS | 新型コロナ |
|---|---|---|
| 流行期間 | 2002年11月～03年7月 | 2019年12月～ |
| 感染国・地域数 | 29 | 223 |
| 感染者数 | 8096人 | 1億5098万9419人 |
| 死亡者数 | 774人 | 317万3576人 |

（出所）世界保健機関（WHO），2021年5月1日現在

　企業関係者の多くは，02～03年に流行した重症急性呼吸器症候群（SARS）を連想した。しかし，今般の新型コロナは流行期間，感染国・地域数，感染者数，死亡者数のいずれをとっても，SARSと比較して被害規模はケタ違いに大きい（図表1）。しかも，2021年に入ってもなお，いつ収束するか分からないという不透明な状況が続いている。

　感染が拡大した当初は，中国国内でサプライチェーンの混乱が続く中，日本への部品供給が滞ることで，日本国内の生産が一時停止を余儀なくされる問題が発生した。日本企業が調達先を中国から変更したり，代替生産を検討したりする動きが出てきたことで，中国に一極集中しすぎたサプライチェーンを見直すべきだ，との議論が起こった。新型コロナがSARS並みの被害規模で収束していれば，サプライチェーンの再編を巡る議論も，さほど深刻にはならなかったかもしれない。しかし，新型コロナがグローバルに拡大する感染症リスクとなったことで，日本企業も単に中国事業のウェート引き下げだけで対応できる問題ではなくなってしまった。

　新型コロナが日本企業へ及ぼした影響は極めて甚大なものとなった。例えば，日本貿易振興機構（ジェトロ）が2020年12月に公表した「2020年度海外進出日系企業実態調査（全世界編）」は，「新型コロナの感染拡大に伴う世界市場の消失は，海外進出日系企業の業績に，過去に類を見ない規模のダメージを与えた。日系企業の景況感は，アジア通貨危機やリーマン・ショック，東日本大震災などの危機前後を下回る過去最低の水準に沈んだことが明らかになった」と総括している[1]。実際，海外に進出する日系企業（有効回答8786社）のうち，2020年度に「黒字」を見込む企業は48.0％となり，比較可能な2008年度以降で初めて5割を下回った。他方，赤字は31.8％と3割を超え，リーマ

図表2　2020年度の海外進出日系企業の営業利益見通し

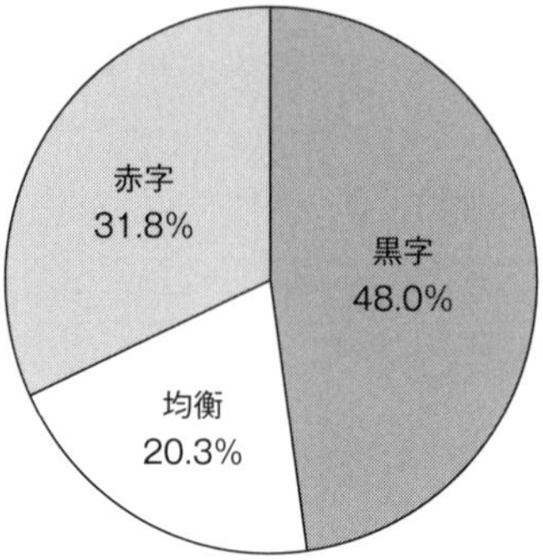

（出所）ジェトロ「2020年度海外進出
日系企業実態調査（全世界編）」
2020年12月を基に筆者作成

ンショック直後の2009年度を上回り，過去最大となった（図表2）。

## 2.2　1年半かけて「一次休戦」に至った米中貿易戦争

　新型コロナの感染が拡大する以前から日本企業の事業運営に影響を及ぼしていたのが米中摩擦だ。米中摩擦の推移を両国の制裁措置や貿易・投資規制強化の動向と合わせて整理したのが，図表3である。

　米国は2018年7月6日，通商法301条に基づく制裁措置の第1弾として，中国からの輸入品340億ドル相当に25%の追加関税を賦課。これに対して，中国も同日，報復措置として米国からの輸入品340億ドル相当に追加関税を賦課した。その後，米中両国は8月に第2弾，9月に第3弾の追加関税を賦課し合い，まさに「貿易戦争」ともいえる様相を呈した。

　第4弾として，2019年9月1日に米国はリスト4A，中国はリスト1に追加関税を賦課。両国は12月15日にリスト4B，リスト2へ追加関税を賦課することを予告した。米通商代表部（USTR）によると，リスト4Bは米国の輸入に占める中国のシェアが75%を超える品目が対象とされ，具体的にはスマートフォン，パソコン，ビデオゲームなど，いわゆる一般消費財が入っていた。仮に発動されれば，その影響は極めて大きなものになることが予想されていた。こうした状況の下，米中政府は12月13日，交渉の結果，「第1段階の合

**図表3　米中摩擦を巡る両国の動き**

| 米国 | | 中国 | |
|---|---|---|---|
| 2018 年 | | | |
| 3 月 22 日 | 通商法 301 条に基づく対中制裁措置の発動を決定 | | |
| 7 月 6 日 | 通商法 301 条に基づく制裁措置の第 1 弾として，中国からの輸入品 340 億ドル相当に 25％の追加関税を賦課 | 7 月 6 日 | 報復措置の第 1 弾として，米国からの輸入品 340 億ドル相当に追加関税を賦課 |
| 8 月 13 日 | 国防権限法および同法に盛り込む形で外国投資リスク審査近代化法および輸出管理改革法が成立 | | |
| 8 月 23 日 | 第 2 弾として，160 億ドル相当に 25％の追加関税を賦課 | 8 月 23 日 | 第 2 弾として，160 億ドル相当に 25％の追加関税を賦課 |
| 9 月 24 日 | 第 3 弾として，2000 億ドル相当を対象に追加関税を賦課，税率は 2018 年末までは 10％に設定 | 9 月 24 日 | 第 3 弾として，600 億ドル相当に 5 〜10％の追加関税を賦課 |
| 10 月 4 日 | ペンス副大統領が体系的な対中政策を演説 | | |
| 2019 年 | | | |
| 5 月 10 日 | 第 3 弾の対中追加関税賦課を 25％に引き上げ | | |
| 5 月 15 日 | 華為技術（ファーウェイ）と関連 68 社を輸出管理規則（EAR）に基づくエンティティリスト（EL）に加えると発表 | 6 月 1 日 | 第 3 弾の対米追加関税率を最大 25％に引き上げ |
| 6 月 29 日 | トランプ大統領と習近平国家主席が G20 大阪サミット（首脳会議）において米中首脳会談を開催 | | |
| 8 月 13 日 | 国防権限法に基づきファーウェイなど中国企業 5 社の製品およびその部品を組み込んだ製品を政府調達から排除 | | |
| 9 月 1 日 | 第 4 弾として，3000 億ドル相当に対して，リスト 4A に 15％の追加関税を賦課 | 9 月 1 日 | 第 4 弾として，750 億ドル相当に対して，リスト 1 に最大 10％の追加関税を賦課 |
| 2020 年 | | | |
| | | 1 月 1 日 | 外商投資法を施行 |
| 1 月 15 日 | 第 1 段階の合意となる米中経済・貿易協定に署名（2 月 14 日発効） | | |
| 2 月 13 日 | 外国投資リスク審査近代化法を施行 | | |

| 日付 | 米国 | 日付 | 中国 |
|---|---|---|---|
| 5月15日 | ファーウェイと関連企業114社への輸出管理強化を発表 | | |
| 6月29日 | 香港に認めている米国輸出管理法令上の特別待遇の取消を発表 | 6月30日 | 香港国家安全維持法を施行 |
| 7月24日 | テキサス州ヒューストンの中国総領事館を閉鎖 | 7月4日 | データセキュリティ法（草案）を公表 |
| 8月5日 | 懸念のあるベンダーから通信技術・インフラを保護するクリーンネットワーク計画の新たな指針を発表 | 7月27日 | 四川省成都市の米国総領事館を閉鎖 |
| 8月6日 | 動画投稿アプリTikTokを提供する北京字節跳動科技（バイトダンス）との取引を禁止する大統領に署名 | | |
| 8月13日 | 国防権限法に基づき中国企業5社の製品やサービスを社内で使用している企業も政府調達から排除 | | |
| 8月17日 | ファーウェイと関連企業に対する米国製技術・ソフトウエアへのアクセス制限強化を発表 | | |
| 8月24日 | 2月に発効した第1段階の米中経済・貿易協定の実施状況に関する閣僚電話協議を開催 | | |
| 8月26日 | 南シナ海での違法行為を理由に中国企業24社をELに追加すると発表 | 8月28日 | 輸出禁止・制限技術リストの改定を公表 |
| | | 9月8日 | データ取り扱いの世界基準づくりを呼びかけるグローバル・データセキュリティ・イニシアチブを発表 |
| 9月15日 | WTO紛争処理小委員会（パネル）が米国の対中追加関税措置のWTO協定違反を認定 | | |
| 9月22日 | トランプ米国大統領が国連総会の一般討論演説で中国の新型コロナ対応を批判 | 9月19日 | 信頼できないエンティティ（事業体）リスト規定を施行 |
| 11月12日 | 中国人民解放軍と関係があると認定した中国企業31社に米国人の証券投資を禁じる大統領令に署名 | 10月21日 | 個人情報保護法（草案）を公表 |
| | | 11月15日 | 東アジア地域的な包括的経済連携（RCEP）協定に署名 |
| 11月20日 | 首都ワシントンで台湾と初の経済対話を開催 | 11月20日 | 環太平洋パートナーシップに関する包括的および先進的な協定（TPP11協定）への参加を積極的に考慮すると表明 |
| | | 12月1日 | 輸出管理法を施行 |
| 12月2日 | 新疆ウイグル自治区の団体が関わった綿製品の輸入を禁じると発 | 12月2日 | 商用暗号輸入許可リスト，商用暗号輸出管理リストおよび関連管理 |

| | | | |
|---|---|---|---|
| 12月18日 | 表<br>半導体大手の中芯国際集成電路製造（SMIC）を含む77の外国事業体をELに追加したと発表<br>米国に上場する中国企業の監視を強化する外国企業説明責任法が成立 | 12月8日 | 措置に関する公告を公表<br>米旅行サイトのトリップアドバイザーを含むスマホアプリ105種類の排除を発表 |
| 12月21日 | EARに軍事エンドユーザー・リスト（MEUリスト）を加えると発表。中国で58，ロシアで45の計103の事業体を掲載 | | |
| 12月23日 | EARにおいて香港を中国と同一に扱う最終規則を公表 | 12月30日 | EUとの包括的投資協定（CAI）に大筋合意したと発表 |
| 2021年 | | | |
| 1月1日 | 2021年度国防予算の大枠を決める国防権限法案を可決 | 1月1日<br>1月8日<br><br>1月9日 | 改正国防法を施行<br>インターネット情報サービス管理弁法の改正草案を公表<br>外国法・措置の不当な域外適用を阻止する弁法を施行 |
| 1月11日 | 中国人民解放軍と関係があると認定した中国企業31社に米国人の証券投資を禁じる大統領令が発効 | | |
| 1月12日 | インド太平洋戦略に関するトランプ政権の機密文書を公開 | | |
| 1月13日 | 新疆ウイグル自治区からの綿とトマトおよび派生製品の輸入を留保すると発表 | | |
| 1月14日 | EARに基づき，中国海洋石油集団をEL，北京天驕航空産業投資をMEUリストに追加。スマートフォン大手小米科技など9社を共産主義中国の軍事企業に認定 | 1月15日<br><br>1月18日 | レアアース管理条例（意見募集稿）を公表<br>外商投資安全審査弁法を施行 |
| 1月19日 | ウイグル族らへの弾圧をジェノサイド（民族大量虐殺）に認定すると発表 | 1月21日 | トランプ前政権の高官ら28人に制裁を科すと発表 |
| 1月20日 | バイデン新政権が発足 | | |
| 1月25日 | バイデン大統領がバイ・アメリカン政策を強化する大統領令に署名 | 1月25日<br><br><br>1月29日 | 習近平国家主席が世界経済フォーラムのオンライン会合「ダボス・アジェンダ」で演説<br>基礎電子部品産業発展行動計画を公表 |
| 2月4日 | バイデン大統領が初の外交演説。中国を重大な競争相手と位置付け | 2月1日 | 海警法を施行 |
| 2月5日 | ブリンケン国務長官と楊潔篪共産党政治局委員が電話協議（バイデン政権発足後，初の外交トップ協議） | | |

| | | | |
|---|---|---|---|
| 2月10日 | バイデン大統領と習近平国家主席が電話協議（バイデン政権発足後，初の首脳電話協議） | | |
| 2月24日 | バイデン大統領が重要な製品や材料（①半導体製造や先端パッケージング，②電気自動車用を含む大容量バッテリー，③レアアースを含む重要鉱物，④医薬品および医薬品有効成分）のサプライチェーン強化に向けた大統領令に署名 | 3月11日 | 中国半導体行業協会が米国の業界団体との対話窓口「中米半導体産業技術貿易規制作業グループ」を設立すると発表 |
| 3月18日 | アラスカ州アンカレジで，米中外交トップのブリンケン国務長官と楊潔篪共産党政治局員が会談 | | |
| 3月22日 | 財務省が新疆ウイグル自治区での人権問題を理由に中国政府幹部2人を制裁対象となる特別指定国民に指定 | | |
| 3月25日 | バイデン大統領が就任後初となる公式記者会見において，中国とは「厳しい競争になる」と主張 | 3月27日 | 新疆ウイグル自治区での人権問題に対する米欧の制裁措置への対抗措置として，米国際宗教自由委員会の幹部2人に制裁を課すと発表 |
| 4月8日 | 商務省が中国のスーパーコンピュータ関連7機関をEARに基づくELに追加すると発表 | | |
| 4月16日 | バイデン大統領と菅首相が日米首脳会談，共同声明「新たな時代における日米グローバル・パートナーシップ」を発表 | 4月16日 | 商務部がRCEPの国内批准手続きを終えて，ASEANに通知したと発表 |
| 4月17日 | ケリー米大統領特使（気候変動問題担当）が訪中，気候変動をめぐる共同声明を発表 | | |
| | | 4月20日 | 習近平国家主席が海南省で開催された「博鰲（ボアオ）アジアフォーラム」で基調演説 |
| 4月22日 | バイデン大統領が気候サミットを主催，習近平国家主席が演説 | | |
| 4月28日 | バイデン大統領が就任後初となる施政方針演説 | | |

（出所）各種資料，新聞報道等を基に筆者作成

意」に達したと発表。15日に予定されていた追加関税の賦課はひとまず見送られた。

　米国と中国は2020年1月15日，第1段階の合意とされる米中経済・貿易協定に署名した。同協定は，①知的財産権②技術移転③食品・農産品貿易④金融サービス⑤マクロ経済政策・為替レート問題と透明性⑥貿易拡大⑦相互評価と

紛争解決⑧最終規定——の 8 章から構成される。内容は「知的財産権の保護と執行を強化する」「技術移転に関しては外国企業への圧力を禁止する」「貿易拡大については 2 年間で中国は米国からモノ・サービスの輸入を 2 千億ドル以上増加させる」など，中国にとっては厳しい協定となった。同協定は 2 月 14 日に発効し，両国政府は 2018 年 7 月以降，互いに引き上げてきた追加関税の一部を引き下げ，貿易戦争はひとまず「一時休戦」に入った。しかし，一難去ってまた一難，新たなリスクとして顕在化したのが新型コロナの感染拡大だった。

## 2.3　輸出・投資規制を強める米中

　米中摩擦の本質は貿易不均衡の是正ではなく，技術なども包括した安全保障をめぐる大国間の覇権争いだ。このため，米国は技術的な優位性を維持すべく，輸出・投資規制の強化に動く一方，中国も対抗措置として関連の法整備を急ピッチで進めている。第 1 段階の合意とは裏腹に，米中摩擦はさらに激化する様相を見せている。

　すでに米国は 2018 年 8 月 13 日，国防予算の大枠を決める「国防権限法」に盛り込む形で「外国投資リスク審査現代化法（FIRRMA）」および「輸出管理改革法（ECRA）」を成立させている。FIRRMA は安全保障の確保を目的として，外国から米国への投資を審査する「対米外国投資委員会（CFIUS）」の権限を強化するもので，2020 年 2 月 13 日から施行。少額出資であっても，米国企業が保有する機密性の高い技術情報・システム・施設などへのアクセスが可能になる投資や，役員会への参加が可能な投資を対象とするなど，外国企業による対米投資の審査はさらに厳格化されている。

　他方，ECRA は既存の輸出規制でカバーしきれない「新興・基盤技術」のうち，米国の安全保障にとって必要な技術を対象として，施行に向けた作業が進められている。いずれにしても，国防権限法は超党派議員の賛成で成立しており，バイデン新政権への移行後も法律の施行に影響は及ばないと考えた方がよいだろう。

　米国の規制強化に対して，中国は 2020 年 8 月 28 日，08 年に公布した「輸出禁止・制限技術リスト」の改定を発表。対象は 53 の技術項目に及び，人工

知能（AI），暗号チップ，量子暗号等が輸出管理の対象として追加された。当時は中国の動画投稿アプリ「TikTok」（ティックトック）を展開する北京字節跳動科技（バイトダンス）が米国政府から安全保障を理由に，米国事業を米国企業へ売却するよう要求されていた。同社が保有する先端技術をリストに掲載することで売却交渉に実質的な「待った」をかける目的もあったと指摘されている。

　また，9月19日には「信頼できないエンティティ（事業体）リスト規定」を施行。中国の国家主権や安全保障に危害を及ぼしたり，正常な市場取引の原則に違反したりして，中国の企業等との取引を中断，または差別的な措置を取り，深刻な損害を与えた外国の企業等をリストに登録し，貿易・投資を禁止・制限するとしている。米国が輸出管理規則（EAR）に基づいて，安全保障上の懸念がある企業等を登録する「エンティティリスト（EL）」の中国版とされ，同リストに登録されたことで，中国の通信機器最大手，華為技術（ファーウェイ）などが米国企業の禁輸対象となったこと等に対する事実上の対抗措置とされる。

　さらに，12月1日には「輸出管理法」が施行された。同法は中国の輸出管理法体系の「基本法」とされ，軍用品やデュアルユース（軍民両用）品目等，対象となる「管理品目」を定めるとともに，国家の安全保障や利益に危害を及ぼす可能性のある輸入者およびエンドユーザーを「規制リスト」に登録し，管理品目の取引を禁止・制限するものだ。また，米国のEARに対抗して「再輸出」や「みなし輸出」も規制対象としている。さらに，違反した場合は，業務停止や輸出取扱資格の取消に加えて，最高で違法取扱額の20倍の罰金を科すなど，厳しい罰則も規定している。輸出管理法は，米国がECRAを成立させ，施行に向けた作業を進めていることに対する対抗措置の側面もあるとみられる。

　2021年1月9日には「外国法・措置の不当な域外適用を阻止する弁法」を施行。米国のEARが管轄権の及ばない他国・地域の取引にも域外適用されていることを念頭に，中国政府が必要な対抗措置を講じられることを規定した。18日には「外商投資安全審査弁法」が施行され，国家の安全保障に関わる外商投資は実施前に中国当局に申告することを義務付けた。米国のFIRRMAに

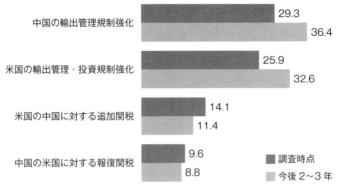

図表4　保護貿易主義の影響を受ける通商政策

中国の輸出管理規制強化　29.3　36.4

米国の輸出管理・投資規制強化　25.9　32.6

米国の中国に対する追加関税　14.1　11.4

中国の米国に対する報復関税　9.6　8.8

■ 調査時点
■ 今後2〜3年

(出所) ジェトロ「2020年度日本企業の海外事業展開に関するアンケート調査」
2021年2月を基に筆者作成

倣って，外国企業による対中投資審査を厳格化した措置といえる。

　これらの輸出・投資規制は，米国は中国，中国は米国を念頭に置くとされる
ものの，対象国は定められておらず，その影響はすべての外国企業に及ぶこと
になる。日本企業にとっても大きなリスクと認識されており，例えば，ジェト
ロが2021年2月に発表した「2020年度日本企業の海外事業展開に関するアン
ケート調査」によると[2]，保護貿易主義の影響を受ける通商政策として，調査
時点，今後2〜3年程度とも「中国の輸出管理規制強化」を挙げる企業が最も
多く，次いで「米国の輸出管理・投資規制強化」となっている（図表4）。

## 3．日欧米企業の中国ビジネスの現状

　米中摩擦はいつまで続くのか。米中摩擦の本質は大国間の覇権争いだけに，
現状では，妥協の余地は限定的で，落しどころは見当たらない。長期戦は必至
だろう。日本経済新聞社が2019年秋に行った日本のビジネスパーソンを対象
にしたアンケート調査でも，回答者の51.3%が米中摩擦は「長期的（10年超）
に続く」とみている[3]。こうした状況下における日本企業の対中ビジネスの現
状について，欧米企業の動向とも比較しながら考察してみよう。

## 3.1　グローバルな事業展開は必須

　新型コロナにせよ，米中対立にせよ，これらの問題はグローバル化の影の部分といえる。とはいえ，グローバル化の流れを止めることは困難だ。例えば，日本経済団体連合会（経団連）の中西宏明会長（当時）は，2020年6月の記者会見で次のように話している。「日本の経済構造や地政学的な観点を踏まえれば，グローバルな事業展開は必須である。米中の対立が懸念されるが，自由で開かれた国際経済秩序を回復するため，諸外国との連携も含めて多面的な対応が求められる」。

　こうした「グローバルな事業展開は必須」との考えは多くの企業で共有されている。ジェトロの「2020年度日本企業の海外事業展開に関するアンケート調査」によると，今後の海外進出方針については，新型コロナの影響等もあり，「海外進出の拡大を図る」企業の比率は過去最低となった。特に既存の海外拠点を拡大すると回答した企業の比率は19.1％と前年（30.9％）から大幅に縮小した。他方，「今後，新たに進出したい」とする企業の比率は24.8％と前年（25.5％）比で微減にとどまり，進出意欲に衰えは見られなかった。

　海外進出を拡大する理由について，2020年度調査では尋ねていないが，2016年度調査（2017年3月発表）によれば，「海外での需要の増加」（81.0％）と回答する企業が最も多く，次いで「国内での需要の減少」（50.4％）が続いた。この回答結果は，少子高齢化に伴う人口減少を背景に，国内市場の拡大が期待できない中，日本企業は海外市場に活路を見出していかざるを得ないことを示唆している。

　そんな日本企業にとって，米中は経済的にはともに重要なパートナーだ。貿易では中国が1位（シェア23.9％），米国が2位（14.7％），直接投資収益では米国が1位（22.9％），中国が2位（14.6％）となっており，二者択一はあり得ないといえる（図表5，6）。実際，2020年度調査で事業拡大を図る国・地域も聞いたところ，中国と答えた企業が48.1％と最も多かったが，ベトナム（40.9％）に次いで，米国（40.1％）も3位にランクインしており，この3カ国は回答率が4割を超えた（図表7）。

　日本の中国および東南アジア諸国連合（ASEAN）への投資の推移をみると，近年は中国をASEANが上回る状況が続いており，2020年の対ASEAN

投資（2 兆 3053 億円）は対中国（1 兆 2063 億円）の 2 倍弱の規模であった（図表 8）。

**図表 5　日本の貿易のシェア（2020 年）**

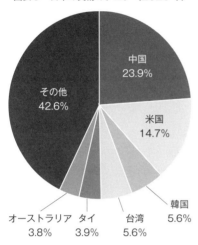

（出所）財務省「貿易統計」を基に筆者作成

**図表 6　直接投資収益のシェア（2020 年）**

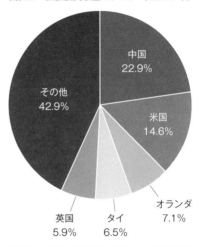

（出所）財務省「国際収支統計」を基に筆者作成

**図表 7　海外で事業拡大を図る国・地域**

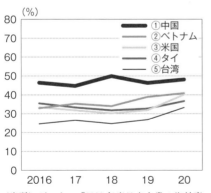

（出所）ジェトロ「2020 年度日本企業の海外事業展開に関するアンケート調査」2021 年 2 月を基に筆者作成

**図表 8　日本の対外直接投資の推移**

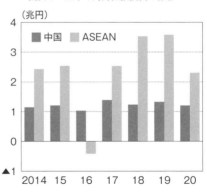

（注）2016 年はソフトバンクがシンガポール子会社から 2 兆 3729 億円の配当を決定したと発表しており，これが直接投資回収に計上された可能性がある。
（出所）財務省「国際収支統計」を基に筆者作成

　日本企業にとって，ビジネスの対象は米国，中国だけでなく，選択肢は東南アジアにも広がっている。2020年11月15日に署名された「地域的な包括的経済連携（RCEP）協定」が発効すれば，ASEAN，中国，韓国，オーストラリア，ニュージーランドとの間でのサプライチェーンの効率化や市場アクセスの改善が期待される。

　こうした状況の中，日本企業は米中摩擦によるデカップリング（分断）リスクも踏まえ，中国ビジネス戦略の再構築を検討していく必要があるだろう。例えば，数多くの電子部品で世界シェアトップを握る村田製作所の中島規巨社長は，米中摩擦の事業への影響について「バイデン米政権発足後も米中対立が続けば，世界の経済圏は二極化するだろう。市場の大きさや産業の発展スピードを考えると，中国市場向けに製品開発も必要になる。欧米や日本向けの商品群と，中国向けの商品群を作らなければならなくなる」と述べている[4]。

## 3.2　欧米企業の対中ビジネス動向

　中国ビジネスの戦略再構築を検討する上での参考として，欧米企業の対中ビジネス動向を見ておこう。中国米国商会が2021年3月に公表した「2021 China Business Climate Survey Report」によると[5]，中国ビジネスのリスクとチャンスに対する見方は業種によって様々なようだ。リスクについては，いずれの業種も「米中関係の緊張の高まり」が最も大きいが，これに次ぐのが「技術・研究開発」では「中国の民営企業との競争激化」，「鉱工業」「消費」では「労働コストの上昇」，「サービス」では「一貫性のない規制解釈・不透明な法律と執行」となっている。

　チャンスについては，「技術・研究開発」「鉱工業」「消費」はいずれも「国内消費の増加および中産階級の規模拡大」が1位であるが，2位はそれぞれ，「持続的な経済・市場改革」および「デジタル技術の導入」「都市化とインフラ投資に対する持続的支援」「海外ブランド・品質に対する顧客の需要増加」に分かれている。他方，「サービス」では「中国企業のグローバル化と対外投資の増加」が1位となっている。サービスには金融，運輸・物流，投資等が分類されており，これらの業種は中国企業のグローバル展開をチャンスとして認識しているものと見られる（図表9）。

図表９　中国ビジネスのリスクとチャンスに対する米国企業の見方

| | 技術・研究開発 | 鉱工業 | 消費 | サービス |
|---|---|---|---|---|
| リスク | 米中関係の緊張の高まり | 米中関係の緊張の高まり | 米中関係の緊張の高まり | 米中関係の緊張の高まり |
| | 65% | 62% | 51% | 76% |
| | 中国の民営企業との競争激化 | 労働コストの上昇 | 労働コストの上昇 | 一貫性のない規制解釈不透明な法律と執行 |
| | 37% | 38% | 43% | 37% |
| | 中国の保護主義の高まり | 中国の民営企業との競争激化 | 一貫性のない規制解釈不透明な法律と執行 | 労働コストの上昇 |
| | 34% | 35% | 29% | 33% |
| チャンス | 国内消費の増加中産階級の規模拡大 | 国内消費の増加中産階級の規模拡大 | 国内消費の増加中産階級の規模拡大 | 中国企業のグローバル化と対外投資の増加 |
| | 48% | 44% | 74% | 51% |
| | 持続的な経済・市場改革 | 都市化とインフラ投資に対する持続的支援 | 海外ブランド・品質に対する顧客の需要増加 | 持続的な経済・市場改革 |
| | 40% | 39% | 55% | 48% |
| | デジタル技術の導入 | 持続的な経済・市場改革 | 持続的な経済・市場改革 | 国内消費の増加中産階級の規模拡大 |
| | 40% | 37% | 36% | 42% |

（出所）中国米国商会「2021 China Business Climate Survey Report」（2021年3月）を基に筆者作成
業種別の内訳は以下の通り
技術・研究開発：宇宙航空，ヘルスケア（医薬品，医療機器等），科学技術・通信（ハード・ソフトウェア）
鉱工業：農業，自動車・輸送車両，機械，設備，システム・制御，石油，天然　ガス，エネルギー，その他（化学，採鉱，製紙，包装等）
消費：消費品，小売・流通，ヘルスケアサービス，教育，メディア・娯楽，宿泊，旅行，レジャー
サービス：金融（銀行，保険等），不動産開発，運輸・物流，投資（プライベートエクイティ，ベンチャーキャピタル等），その他（法律，人事，会計，マーケティング，広告・PR，調査，コンサルティング）

　また，同調査で中国国外への生産・調達の移転について聞いたところ，「検討していない」とする企業の割合が85%と8割以上を占めた。米中摩擦の中でも，米国企業は中国をグローバルビジネスにおける重要なターゲットと捉え，巨大市場をしたたかに開拓しようとしていることが推察される。実際，新型コロナが収束の兆しを見せ始めた2020年4月以降，消費分野を中心に，新規ビジネスを展開する事例が見られている（図表10）。
　これに対し，中国国外への生産・調達の移転を「検討中」との回答は9%，「移転開始」は7%にとどまった。移転先としては，アジア開発途上国が42%と最も多く，以下，メキシコ・カナダ（19%），米国への回帰（14%），欧州連

図表 10 米国企業の中国ビジネス事例（2020 年 4 月以降）

| 業種 | 社名 | 概要 |
|---|---|---|
| 技術・研究開発 | クアルコム | 4 月 15 日，BOE との提携を発表。指紋センサー技術を採用した有機 EL パネルを出荷予定 |
| 鉱工業 | エクソンモービル | 4 月 22 日，広東省恵州市で総投資額約 100 億ドルのエチレンプラント建設工事に着手 |
| | テスラ | 10 月 20 日，上海工場で生産した自動車の欧州輸出開始を発表 |
| 消費 | ウォルマート | 4 月 8 日，湖北省武漢市に 5 年で 30 億元の投資を発表。傘下の「サムズクラブ」と店舗を開設 |
| | コストコ | 4 月 9 日，江蘇省蘇州市に建設用地を取得。3 番目の店舗をオープン予定 |
| | スターバックス | 7 月 21 日，アリババとの提携関係強化，オンライン注文サービスの拡充を発表 |
| | コカ・コーラ | 10 月 28 日，蒙牛乳業と合弁会社を安徽省蚌埠市に設立。低温殺菌乳製品を生産・販売 |
| | マクドナルド | 11 月 16 日，マックカフェの拡張に今後 3 年で約 25 億元を投じる計画を発表 |
| | ペプシコ | 12 月 20 日，広東省仏山市で約 5 億元を投資し，華南地域で初の食品工場建設を着工 |
| サービス | アメリカン・エキスプレス | 6 月 13 日，現地通貨での銀行カード決済サービス認可を外資系で初取得 |
| | JP モルガン・チェース | 6 月 18 日，初の外資 100％による先物取引会社の認可を取得 |

（出所）各種資料，新聞報道等を基に筆者作成

合（EU，7%）などとなっている。

　欧州企業については，中国 EU 商会が 2020 年 6 月に公表した「Business Confidence Survey 2020」によれば，中国国外への投資シフトについて，「検討していない」との回答が 89％と約 9 割を占めた[6]。米国企業と同様に，欧州企業も中国を重要な投資先と認識していることがうかがわれる。例えば，欧州産業連盟（UNICE）は 2020 年 12 月 30 日，中国と EU が包括的投資協定（CAI）に大筋合意したとの発表を受けて，「EU 企業の中国市場への参入機会の拡大につながるとともに，EU の投資家にとって法的安定性が高まる」と歓迎する意向を示している。

　他方，中国 EU 商会の調査で，中国国外への投資シフトを「検討している」と回答した企業は 11％にとどまった。回答した企業に投資先を聞いたところ，欧州への回帰（27％）が最も多く，次いで ASEAN（23％）となり，この 2 地域で 5 割を占めた。以下，ASEAN を除くアジア大洋州（12％），中東（12％），北米（11％）などとなっている。

### 3.3　日本企業の対中ビジネス動向

　日本企業の対中ビジネスの現状はどうだろうか。ジェトロが 2020 年 12 月に公表した「2020 年度海外進出日系企業実態調査（アジア・オセアニア編）」によれば，今後の事業展開の方向性について，中国で「拡大」と回答した企業の割合は 36.6％，「現状維持」は 55.6％，合計で 92.2％と 9 割超の企業が中国事業を継続する姿勢を示している。事業拡大の理由としては「現地市場での売上増加」（87.5％）が最も多く，次いで「成長性・潜在力の高さ」（44.2％），「高付加価値製品・サービスへの高い受容性」（24.1％）となった（図表 11）。

　これに対して，「縮小もしくは移転・撤退」との回答は 7.7％（うち「移転・撤退」は 1.0％）にとどまった[7]。その理由としては「現地市場での売上減少」（50.0％），「コストの増加（人件費等）」（37.1％）を挙げる企業が多く，「貿易

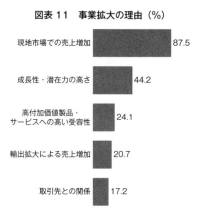

図表 11　事業拡大の理由（％）

現地市場での売上増加　87.5
成長性・潜在力の高さ　44.2
高付加価値製品・サービスへの高い受容性　24.1
輸出拡大による売上増加　20.7
取引先との関係　17.2

（出所）ジェトロ「2020 年度海外進出日系企業実態調査（アジア・オセアニア編）」（2020 年 12 月）を基に筆者作成

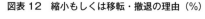
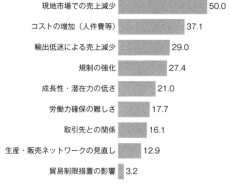

図表 12　縮小もしくは移転・撤退の理由（％）

現地市場での売上減少　50.0
コストの増加（人件費等）　37.1
輸出低迷による売上減少　29.0
規制の強化　27.4
成長性・潜在力の低さ　21.0
労働力確保の難しさ　17.7
取引先との関係　16.1
生産・販売ネットワークの見直し　12.9
貿易制限措置の影響　3.2

（出所）図表 11 と同じ

制限措置の影響」と回答した割合はわずか3.2％だった（図表12）。

　米中摩擦が続く中でも，縮小もしくは移転・撤退の理由として貿易制限措置の影響を挙げる企業が少数だった背景には，中国に進出する日系企業のビジネス構造がある。ジェトロの調査によれば，売上高に占める輸出の比率が32.4％なのに対して，内販は67.6％と7割弱を占め，圧倒的に大きい。加えて，輸出先を国・地域別に見ると，日本が62.4％と6割強を占め，米国は5.1％に過ぎない。すなわち，中国から直接米国に輸出しているのは売上高の2％弱ということになる。米国が中国に賦課した追加関税が進出日系企業に及ぼす直接的な影響は，現状では限定的といえるだろう。

図表 13　日本企業の生産地の再編パターン

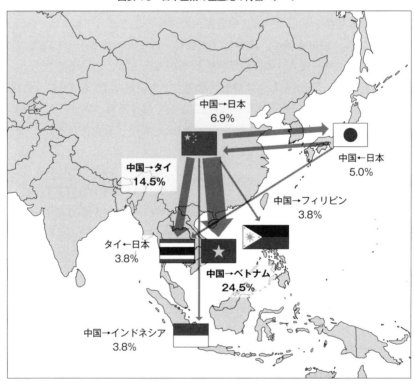

（出所）ジェトロ「2019年度日本企業の海外事業展開に関するアンケート調査」2020年2月を基に筆者作成

　欧米企業の中には一部ではあるが，生産・調達や投資先を中国国外へシフトする動きが見られるが，日本企業はどのような動きをしているのであろうか。ジェトロの「2019 年度日本企業の海外事業展開に関するアンケート調査」から検証してみよう。

　同調査で「保護主義的な動き」に対応してサプライチェーン再編を実施済み・実施予定と回答した企業は 7.6％と限定的であった。内訳をみると「生産地を移管済み・移管予定」は 2.8％，「調達先を変更済み・変更予定」は 2.7％，「販売先を変更済み・変更予定」は 1.5％にとどまった。このうち，生産地の再編パターンでは，中国→ベトナムが 24.5％，中国→タイが 14.5％の順となった。他方，日本への生産回帰を挙げたのは 6.9％とごく少数だった（図表13）。実際，筆者の現地におけるヒアリングでも「移転・撤退など，サプライチェーンを大きく変更する動きはあまり見られない」との声が多い。

　中国では部品産業の集積が進んでおり，日本企業はこうした産業集積を活用してサプライチェーンを強化してきた。ジェトロの「2020 年度海外進出日系企業実態調査（アジア・オセアニア編）」によれば，中国における経営上の問題点としては「従業員の賃金上昇」を挙げる企業が 63.3％と最も高い。しかし，同調査の全対象地域において，製造原価に占める材料費（部品・原材料）

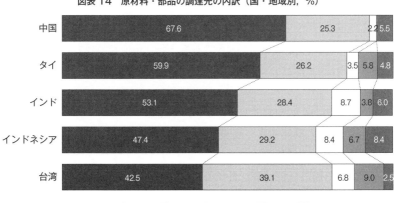

**図表 14　原材料・部品の調達先の内訳（国・地域別，％）**

（出所）ジェトロ「2020 年度海外進出日系企業実態調査（アジア・オセアニア編）」2020 年 12 月を基に筆者作成

の比率は平均58.3％，人件費の比率は平均20.1％となっている。すなわち，製造業にとって部品・原材料をいかに安く早く調達できるかがコスト競争力の上で重要な要素になっているわけだが，そういう意味で，産業集積は対中投資の大きなインセンティブとなっている。

　ジェトロの調査によれば，アジア地域で現地調達率が最も高いのは中国で，67.6％と約7割に達している（図表14）。加えて，後述の通り，日本企業は地産地消を推進しており，こうした観点で見ても，中国からの生産拠点の移転は容易ではないのが実情といえる。

## 4．グローバル・サプライチェーン再編の展望

　巨大市場というビジネスチャンスに対する期待もあり，日欧米企業とも中国から移転・撤退する動きはそれほど多くは見られない。他方，米中摩擦の激化に伴い，両国は輸出・投資規制の強化に動いている。こうした措置は，米国は中国，中国は米国を念頭に置くとされるものの，対象国は定められておらず，その影響は日本企業も含めたすべての外資系企業に及ぶ。サプライチェーンにも打撃を与えかねないだけに，日本企業としては，米中の政策動向を注視しつつ，一連の法規制に対するコンプライアンスに細心の注意を払うことが求められている。

　かかる状況の中で，日本企業は中長期的な観点からグローバル・サプライチェーンをいかに再編していくべきであろうか。現地でのヒアリング情報も交えながら，今後の方向性を展望してみよう。

### 4.1　物資類型に応じたサプライチェーンの構築

　経済産業省は2020年7月に公表した「令和2年版通商白書」において，新型コロナ感染拡大の分析を踏まえて，「レジリエントなサプライチェーンへ向けた方向性」を提言している。具体的には，①物資類型に応じた対応策の検討②危機時の柔軟な対応を可能とする官民連携③「効率最優先」型から「臨機応変」型サプライチェーンへの転換——を挙げている[8]。

　このうち，物資類型に応じた対応策の検討については，「緊急物資」（マス

ク，防護服，ワクチン等）は，平時から緊急時に対応する供給能力を維持することは非現実的なため，国際情勢に左右されない，緊急時の確実な供給システムを補完的に構築していくことが重要と指摘している。

　他方，「その他の物資」については，①日本を支える重要産業で国境を越えてサプライチェーンを構築する「産業物資」（自動車，電気電子，素材等）は，チョークポイントを精緻に把握し，調達多様化で途絶しにくいシステムを構築②国内の生産力に物理的制約がある「戦略物資」（食料，エネルギー，重要鉱物等）は，調達多様化や国際物流確保などの食料・エネルギー安全保障を推進③安全保障上の観点から安定的な供給確保が必要なもの（機微・新興技術等）は，経済安全保障の国内体制強化，有志国連携——といったポイントが示されている。

　新型コロナは，日本がマスク，防護服，ワクチン等の緊急物資を海外，とりわけ中国に依存しているという課題を露呈させた。グローバル・サプライチェーンの再編において，医療関連用品の国内回帰は安全保障の観点からある程度必要と考えられる。

　とはいえ，生産拠点の国内回帰は容易ではない。経団連の中西会長（当時）は「コロナショックを機に日本企業の生産，調達拠点の国内回帰を進めるべきとの声もあるが，すべてを戻せばよいという話ではないし，戻せるものでもない。むしろ製品やサービス，事業環境に鑑み総合的に判断すべきである」と話している[9]。また，日本電産の永守重信会長も「国境をまたいだ企業のサプライチェーンが分断され，グローバル化の限界が指摘されているのでは」との問いに対し，「逆だ。もっともっと進む。自国にサプライチェーンを全部戻すのはリスクを増すだけだ」と指摘する[10]。

　国連の人口予測によれば，日本の総人口は2020年の1億2648万人から2050年には1億580万人と，今後30年で2000万人を超える減少が見込まれている。年齢構成別にみると，15〜64歳の生産年齢人口が7482万人から5366万人へと2100万人以上減少する（65歳以上の高齢者は3592万人から3988万人へと約400万人増加）。労働力の減少という人口動態から見ても，日本国内にすべての生産拠点を戻すことは現実的な対応とは言い難い。

## 4.2 地産地消の流れが進展

市場のみならず生産拠点の観点から見ても，日本企業にとってグローバルな事業展開は必須といえる。こうした中，中国を巡るサプライチェーンは今後いかに変化し，それに対して日本企業はどう対応すべきであろうか。

多くの日本企業が強調しているのは，マーケットのあるところで生産するという「地産地消」の重要性だ。例えば，東レの日覚昭広社長は「脱グローバル化がコロナ禍によって進むのではなく，グローバリゼーションが新しい形へ変わってきたということだ。グローバリゼーションの究極の姿は『ローカリゼーション』だと思う。企業活動に当てはめると『地産地消』だ」としている[11]。ダイキン工業の竹内牧男執行役員も「世界の各地域に商品を供給するため，地産地消を徹底する。部品メーカーとは情報をシェアし，リアルタイムに事態を把握できるようにしたい」と話している[12]。

また，コマツの大橋徹二会長も「最も重要なのは，市場（需要地）での生産」と強調。顧客ニーズを手に入れやすいこと，地元へのコミットにより顧客の信頼度が高まること，輸送期間やコストが低減することをメリットとして挙げている[13]。その上で，地産地消を補完する手段として挙げているのが「クロスソーシング」だ。技術革新の継続や品質保持を目的に，キーコンポーネント（基幹部品）は日本で一極生産するが，それ以外の部品は世界最適調達を推進するというものだ。

具体的には，需要や為替の変動，生産負荷の平準化などを勘案して最適地で生産し，クロスソーシングしており，主要コンポーネントを除く部品は，中国などのアジア諸国からコストと品質に優れた部品を調達し，全世界の工場に供給するというフレキシブルなグローバル生産体制を整えている[14]。

大橋会長は「機械産業のように部品や素材のグローバル・ネットワークが構築されている場合，中国プラスワンは必要にせよ，米中対立がさらに激化したとしても，ゼロからの再構築は必要ない」と話している。

もともと日本企業の対中ビジネス戦略が輸出志向から内販志向に転換していく中で，各社は地産地消による現地化を推進していた。この流れを加速させているのが米中摩擦だ。中国政府が「双循環」といった新たな発展モデルによる内需拡大策を打ち出し，対米依存を抑制することを目指す中，進出日系企業は

デカップリングに対するリスクヘッジとしても，地産地消により中国国内でサプライチェーンを完結させる方向に動いている。

　筆者の現地におけるヒアリングでも，中国における地産地消は今後さらに進んでいくと見る向きが多い。例えば，「バリューチェーンとして，メンテナンスも含めて現地に密着しているので，地産地消が非常に重要」「コロナ対応としても，中国での調達率を高めた方がリスク回避になる」「為替による影響をなるべく受けない経営を目指す意味でも，現地調達率を引き上げる」などの声が聞かれた。

　とりわけ，コスト競争力の観点から重視されているのが現地調達率の向上だ。ある大手日系電機メーカーの幹部は，中国で地産地消が進展する要因として「世界各国の企業が中国に多数進出したことで，地場の部品メーカーがワールドワイドで幅広く鍛えられ，レベルが非常に高くなっていることが最も大きい」と指摘している[15]。

## 4.3　選択と分散もキーワードに

　地産地消に加えて，サプライチェーン再編におけるキーワードとなっているのが「選択と分散」だ。この戦略を実践してきた企業として，生活用品の製造・販売を手掛けるアイリスオーヤマが挙げられる。同社の大山健太郎会長は「『選択と分散』が将来の効率を上げていく」との経営方針を掲げており，「1つの製品や技術・市場に過度に集中することなく，幅広い製品を手掛け，変化に対して瞬発的に対応することで企業は大きな利益を出すことができる」と述べている。

　また，大山会長はグローバル展開について「新型コロナを機にサプライチェーンの見直しが始まっており，ニューノーマル時代の経営は『現地生産・現地販売』の体制をどこまで整えられるかが勝負」と指摘した上で，「マスクの例では，中国で大量生産して輸出する効率的なものよりも『安心・安全なのは自国生産』であると各国が判断し，ここでも『選択と分散』が加速している」との見解を示している[16]。

　中国をグローバルな生産拠点と位置付けず選択と分散を推進していくことも，リスクヘッジの観点から検討していくべきだろう。アイリスオーヤマの

大山晃弘社長は「大連工場で生産していた家庭向けの送風用サーキュレーターの一部を 2020 年 2 月から韓国・仁川工場と米アリゾナ工場に移管し始めた。対象は両国での販売分。米国が大幅に引き上げ始めた対中関税を回避するためと，自国製の方が消費者の受けがいいからだ」と語っている[17]。

　オムロンの山田義仁社長も「以前から『選択と分散』を進めてきた」と強調する。同社における「選択」とは，企業理念に基づいて，自社のコア技術が活きる事業領域を選ぶこと，「分散」は 1 つの特定となる事業や顧客，国だけに依存するのではなく，複数の「柱となる事業」を確立することを意味する。オムロンは「サプライチェーンにおいて，日本・中国・東南アジアという三極体制を確立し，お互いが有機的にカバーすることで，リスクを分散しており，感染症拡大の初期には，中国での生産が停止したが，日本と東南アジアの生産拠点がバックアップすることで，供給を途絶えさせることなく，危機を乗り越えた」という[18]。

　また，山田社長は「米中貿易摩擦が叫ばれ出した 1～2 年前からサプライチェーンの分散を進めている。米国で販売する電子血圧計は中国の大連工場で作っていたが，ベトナムの工場に移管した。今は生産を分けるだけでなく，搭載する部品や技術が米国由来かどうかも気にする必要がある。もう少し分散化のレベルを上げなければいけない。『選択と分散』が大事なキーワードになる」と述べている[19]。

## ５．むすびに代えて〜3つの「さらなる課題」をいかに克服するか

　本章の締め括りとして，コロナ禍によって顕在化した日本企業の中国事業運営における 3 つの「さらなる課題」も検証してみたい。それは①生産性の向上②現地化の推進③中国政府との関係強化——である。この 3 点は各社がこれまでも取り組んできたことではあるが，新型コロナと米中摩擦という 2 大リスクを踏まえ，一段と強化する必要があると思われる。

　多くの日本企業は，中国で販売する製品は中国で生産するという地産地消をさらに推進していこうとしており，人件費の安い地域に生産拠点を移転するという方向には動いていない。他方，人件費をはじめとしたコスト上昇は今もこ

れからも経営上の大きな問題点であり，中国で事業を継続するにしても，日本に生産回帰するにしても，さらなる生産性の向上は避けられない。

　この課題の解決策として，自動化・省人化がさらに進展していくことが予想される。ファナックの山口賢治社長はコロナ時代の製造業について「生産拠点を分散する流れは強まるだろう。ただ，分散はコスト面でデメリットが大きい。そこでコストを削減するための自動化の要求が高まる。今後は，ある程度割り切ったシンプルな自動化の方向も出てくるのではないか」と指摘している[20]。感染症対策としても，自動化・省人化の需要は増すだろう。こうした状況の下，ファナックは260億円を投じて上海市で産業用ロボットの工場を増設する[21]。中国が「製造強国」を目指して様々な分野で生産の自動化を推進し，産業用ロボット自体の国産化も進められる中，ファナックは大型投資で需要をとらえて中国でのシェア首位を守る考えだとされる。

　また，日本企業はこれまで中国での投資案件や事業展開の可否については，日本本社から意思決定者が現地に出張して判断する，あるいは現地の責任者が本社に戻って説明し，それをもとに決定するというのが一般的だった。しかし，コロナ禍により人の往来が不自由になったことで，従来よりも現地法人の権限を強めて，現地で意思決定が円滑にできるような体制づくりが必要ではないか，といった議論が現地の日本企業の間で起きている。ただ，現地化の推進には時間が必要で「統括会社を設立すればよい」という単純な話ではないが，コロナ禍を契機に現地へ権限委譲を進める企業も増加傾向にある。

　加えて，中国政府との関係強化も大切な課題だ。華東地域日商倶楽部懇談会（上海市，江蘇省，浙江省，安徽省内の日商クラブを構成員とする集まり）が2020年7月に公表した「新型コロナ感染症の事業影響・見通しに関するアンケート」によれば，中国政府の新型コロナへの対応について，「高く評価する」が14％，「評価する」が73％，合計87％と9割近い企業が中国政府の対応を評価している[22]。

　実際，筆者の現地におけるヒアリングでも，「工場の操業再開にあたって支援を受けた」など，現地の日本企業からは政府の対応を評価する声が聞かれた。また「新型コロナのような緊急事態では，正確な情報をどれだけ多く持っているかがカギとなるが，地方政府との連携が非常に効果を上げたので，リス

クマネジメントの観点からも関係強化が重要ではないか」との指摘もあった。

　中国でのビジネス展開に当たっては，中国政府の政策や方針を踏まえることも関係強化においては重要となる。そういう意味では，2021 年から始まる第 14 次 5 カ年計画の全体的な方向性に加えて，自社に関連する産業・分野の記述を詳細に分析・研究した上で事業運営に臨む必要があると思われる。

[注]

1　2020 年 9 月，海外 86 カ国・地域の日系企業（日本側出資比率が 10% 以上の現地法人，日本企業の支店，駐在員事務所）1 万 9087 社を対象にアンケートを実施。9182 社より有効回答を得た（有効回答率 48.1%）。同調査の報告書はジェトロのウェブサイト（https://www.jetro.go.jp/news/releases/2020/e6b335e7f10a5545.html）で閲覧可能。

2　2020 年 10 月末～12 月初にかけて，ジェトロのサービス利用企業（＝海外ビジネスに関心の高い日本企業）を対象にアンケート調査を実施，2722 社から回答を得た（有効回答率 20.2%）。同調査の報告書はジェトロのウェブサイト（https://www.jetro.go.jp/world/reports/2021/01/3f6c5dc298a628be.html）で閲覧可能。

3　『日本経済新聞』2019 年 10 月 5 日。9 月 3～10 日に勤務先企業ないし回答者本人が中国ビジネスに携わっている係長以上の役職者を対象に，インターネットを通じてアンケート調査を実施し，1003 人から回答を得た。

4　『日本経済新聞』2020 年 12 月 25 日。

5　2020 年 10 月 21 日～11 月 23 日に実施。会員企業 721 社中 345 社が回答。

6　2020 年 1～2 月の 4 週間に調査を実施。対象企業 1308 社中，626 社が回答。同レポートは中国 EU 商会のウェブサイト（http://www.europeanchamber.com.cn/en/publications-business-confidence-survey）を通じて入手可能。

7　2020 年 8 月 24 日～9 月 25 日，アジア・オセアニアの 20 カ国・地域に進出する日系企業（1 万 4399 社）を対象にアンケート調査を実施，5976 社から回答を得た（有効回答率 41.5%）。同調査の報告書はジェトロのウェブサイト（https://www.jetro.go.jp/news/releases/2020/f2a455aa82cb1403.html）で閲覧可能。

8　同白書は経済産業省のウェブサイト（https://www.meti.go.jp/report/tsuhaku2020/index.html）で閲覧可能。

9　日本経済団体連合会・定例記者会見における中西会長発言要旨（2020 年 4 月 27 日）。

10　『日本経済新聞』2020 年 4 月 21 日。

11　『日経ビジネス』2020 年 7 月 10 日。

12　『日本経済新聞』2020 年 8 月 4 日。

13　『日経産業新聞』2020 年 7 月 16 日。

14　小松製作所（コマツ）ウェブサイト（https://home.komatsu/jp/ir/profile/strength/）。

15　中国商務省が 2020 年 11 月に公表した「中国外資統計公報 2020」によれば，中国に進出した外資系企業数は 2019 年末現在，累計で 100 万 1635 社と初めて 100 万社を超え投資総額は 2 兆 2905 億ドル（約 252 兆円）に達した。同公報は同省のサイト（http://www.fdi.gov.cn/resource/pdf/2020/12/09/b00a2227b5c0426b82f63861ffe3fa4f.pdf）で閲覧可能。

16　アイリスオーヤマ・ウェブサイト（https://www.irisohyama.co.jp/led/houjin/information/vol19/book/）。

17　『日経ビジネス』2020 年 7 月 10 日。
18　オムロン・ウェブサイト（https://www.omron.co.jp/ir/message/ceo.html）。
19　『日経ビジネス』2020 年 8 月 28 日。
20　『日経ビジネス』2020 年 8 月 14 日。
21　『日本経済新聞』2021 年 3 月 22 日。
22　2020 年 6 月 28 日〜7 月 2 日に実施し，会員企業等 942 社から回答を得た。同調査の概要は上
　　海日本商工クラブのウェブサイト（https://jpcic-sh.org/uploads/mail_attachment/1594358718.
　　pdf）で閲覧可能。

**［参考文献］**
経済産業省（2020）「令和 2 年版通商白書」2020 年 7 月。
中国 EU 商会（2020）「Business Confidence Survey 2020」2020 年 6 月。
中国米国商会（2021）「2021 China Business Climate Survey Report」2021 年 3 月。
日本貿易振興機構（ジェトロ）（2020）「2019 年度日本企業の海外事業展開に関するアンケート調査」
　　2020 年 2 月。
日本貿易振興機構（ジェトロ）（2020）「ジェトロ世界貿易投資報告 2020 年版」2020 年 8 月。
日本貿易振興機構（ジェトロ）（2020）「2020 年度海外進出日系企業実態調査（全世界編）」2020 年
　　12 月。
日本貿易振興機構（ジェトロ）（2020）「2020 年度海外進出日系企業実態調査（アジア・オセアニア
　　編）」2020 年 12 月。
日本貿易振興機構（ジェトロ）（2021）「2020 年度日本企業の海外事業展開に関するアンケート調査」
　　2021 年 2 月。

# 第4章

# コロナ禍を乗り切った中国の技術力
## ——日本は相互補完の道を探ろう

桜美林大学大学院長, 教授

## 雷　海涛

## ◉ポイント

▶ 2020年はコロナ禍が続いた一方, 米中衝突, とりわけ, 技術を巡る覇権争いに終始した。その影響は華為技術（ファーウェイ）をはじめとする中国の新興企業だけでなく, 米国や日本の企業にもブーメランのように及んでおり, グローバル・サプライチェーンの分断という懸念が高まっている。

▶ 世界各国はコロナ禍への対策を講じる中, 中国は判断や実効のスピードを以って, 既存のプラットフォームやツール（QRコード決済など）を活用し, その成果は「コロナ・テック」の社会実装に結び付いている。

▶ 日本企業はこのような状況を踏まえて, 中国企業や中国市場にどう向き合うべきか, 発想の転換が求められる。優位性のある部材技術を以って, アプリやプラットフォームを得意とする中国企業と補完関係を持つことは1つの選択肢になろう。

## ◉注目データ ☞ 日中の企業の比較と補完のイメージ

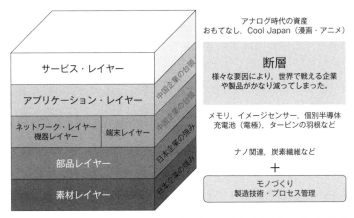

（出所）宮永博史（日本経済新聞 2020年1月28日「経済教室」）に基づき筆者作成

## 1．はじめに

　私自身の研究テーマは，米中の技術を巡る覇権争い，また，新型コロナウイルス（以下，新型コロナ）の感染拡大という状況の中で，ミクロ的に中国の実態はどうなっているのか，刻一刻と変化している状況をウォッチしながら，その実態を考察し分析することにある。さらに，そのような状況の中，日本の企業は中国とどう向き合い，今後のビジネスについてどう考えるべきなのか，ということに焦点を当てている。

　本章では，上のような流れで最近のホットな話題を取り上げて，実態の説明と共に考察してみたい。

## 2．実例考察：ファーウェイの実力と課題

　ミクロ的な中国の実態を考察するため，ここでは中国の通信機器最大手，華為技術（ファーウェイ）を巡る動きを，代表例として取り上げる。同社の状況は流動的であり，あくまで現時点の状況分析であることを，まずお断りしておきたい。

### 2.1　スマホのシェアは世界上位〜収益力ではアップルに劣る

　周知の通り，米中間の技術を巡る覇権争いが，2020年以降，ヒートアップしている。トランプ前政権による強権発動という側面があるものの，近年の中国の台頭（特にハイテク分野）と米国国内に広がっている対中脅威論など，根深い要因もある。そうした中，中国の技術力を占ううえで，最も象徴的な事例は携帯電話と通信，半導体分野だろう。

　まず，携帯電話を見てみよう。スマートフォンの世界市場（出荷台数）は2020年で約13.5億台と前年より2億台ほど減った。韓国のサムスン電子はシェアが18.8％と首位をキープした一方，ファーウェイが3位と順位を落とし，販売台数も対前年4分の1ほどの減少となった。（図表1）。

　一方，アップルは2位に返り咲き，コロナ禍にもかかわらず，高いブランド

**図表1　スマホの世界シェア**

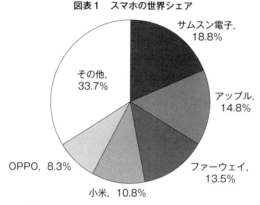

（出所）Gartner（2020）

力と後述する幅広い支持層を持つソフトウエアで底力を発揮した。4位の小米（シャオミ）は対前年15.7％増の躍進ぶりで，ファーウェイとの差を縮めた。

　このように世界シェアの順位が激しく動いており，米国の制裁措置やコロナ禍の影響により，今後の行方はより一層不透明になっている面がある。ここに，様々な外部要因はさておき，ビジネス側面の観点を基に収益性について考察してみたい。ファーウェイは出荷台数ベースで世界上位だったが，利益面では，実はアップルに比べてかなり見劣りする。スマホ1台当たりの利益は，ファーウェイは10ドル前後なのに対して，アップルは100ドル以上とケタ違いの大きさだ。さらに，アップルは関連ソフトウエアであるアプリの売上代金の3割を得ており，ソフトと端末の総利益は340〜490億ドルという規模と推定される。これはファーウェイとは大きく異なる構図で，同社のスマホ事業は利益面ではまだまだ弱いと言わざるを得ない。

　アップルの創業者である故スティーブ・ジョブス氏はインタビューで「アップルの商品（パソコンやスマホ）はハードではなく，ソフトウエア実現の入口だ」と話したことがある。つまり，優れたハード端末を以って顧客価値を最大限に実現する（経済圏）エコシステムを作り上げるという意味合いである。アップルやグーグルなど米IT大手のGAFAと中国のIT大手，BAT（百度＝バイドゥ，アリババ集団，騰訊控股＝テンセント）はよく比較の対象として議論されるが，ハードとソフトをうまく融合してエコシステムを構築したと

いう点では，アップルは最も成功したと言えよう。

　このような観点から見ると，ファーウェイをはじめとする中国のスマホは，まだハード端末の「域」を出ておらず，様々なアプリで構成される経済圏（エコシステム）を実現するベンダーは皆無である。このため，米国の禁輸措置により，グーグル主導のスマホ基本ソフト「アンドロイド」やアプリに依存しているファーウェイのスマホは市場シェアを一気に落とす結果となった。

　確かに，自由な市場経済では企業が米国のような行政手段によって干渉されることは多くの議論を呼んでいるが，自分の技術的な「短板」（ハンディ）が原因となって首根っこを押さえられたことは，ファーウェイだけでなく，多くの中国企業にとって，手痛い教訓になるのだろう。

　他方，スマホ市場で米国勢は，アップル以外は姿を消してしまった。携帯電話機の草分けであるモトローラは今や中国のレノボ傘下となっている。中国ではファーウェイに続いて，シャオミやOPPO（オッポ）といった新興勢力が依然として成長しており，いずれもアップルを脅かす存在になる可能性がある。

## 2.2　5Gでは米国を圧倒

　次に通信の分野だが，米中対立の1つの原因である高速通信規格の「5G」を巡る動きでは，米国は中国に大きく遅れをとっている。米国は5Gの主要帯域である中間周波数帯が軍事用途に制限されており，民間は利用できない。民間はミリ波を使わざるを得ないのだが，ミリ波だと既存の4Gの基地局を活用できず，新たな基地局を設置する必要からコストが高くなる。

　そのうえ，ミリ波は長距離通信に向かなかったり，建物の壁を電波が通り抜けにくかったりという欠点がある。米国にとって5Gはあまり魅力的ではない（むしろ一気に6Gに移行したい）ため，技術開発や世界標準の確立の面で中国に比べて遅れてしまったという背景がある。

## 2.3　半導体設計では成長

　スマホ，あるいは5Gの基地局に使用される半導体の分野ではどうだろうか。半導体の製造工程を設計（IC回路設計），前工程（ウエハー形成），後工程（封止・検査）に分ける（図表2）と，設計と後工程においては，中国企業

はかなり力を付けている。設計ではファーウェイの子会社，海思半導体（ハイシリコン）が成長している。しかし，肝心の前工程は依然として弱く，ここに米国から圧力をかけられると，半導体の製造は立ち行かなくなるのが実態であ

図表２　半導体の製造と分業体制

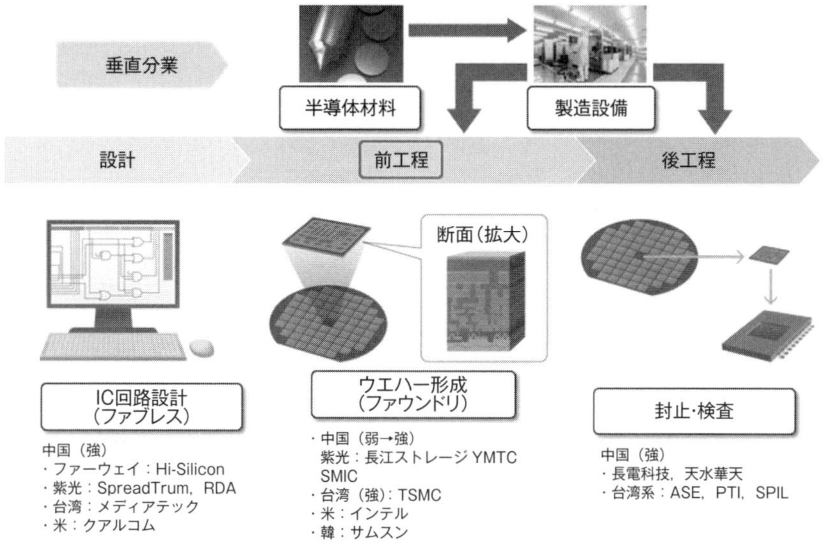

（出所）各種資料をもとに筆者作成

図表３　2020年世界の半導体消費ランキング

| 2020年 順位 | メーカー名 | 2020年 （百万ドル） | 2020年 シェア（%） | 2019〜20年 成長率（%） | 主な製品 |
|---|---|---|---|---|---|
| 1 | アップル | 53,616 | 11.9% | 24.0% | スマホ，PC |
| 2 | サムスン電子 | 36,416 | 8.1% | 20.4% | スマホ，デジタル家電 |
| 3 | ファーウェイ | 19,086 | 4.2% | -23.5% | スマホ |
| 4 | レノボ | 18,555 | 4.1% | 10.6% | PC |
| 5 | デル | 16,581 | 3.7% | 6.4% | PC |
| 6 | BBK | 13,393 | 3.0% | 14.9% | スマホ |
| 7 | HP | 10,992 | 2.4% | 2.5% | PC |
| 8 | シャオミ | 8,790 | 2.0% | 26.0% | スマホ |
| 9 | ホンハイ | 5,730 | 1.3% | -1.5% | スマホ，PCの製造 |
| 10 | HP Enterprise | 5,570 | 1.2% | 0.2% | サーバー |

（出所）米 Gartner，灰色の行は中華圏でその伸縮があるものの，重要な市場と変わりない。BBK には OPPO と Vivo が含まれる。

る。

　ただ，半導体製造では，いかに顧客のニーズをくみ取り，それを製品に反映させるかが勝負でもある。その意味ではニーズに合った設計ができるかどうかが生命線であり，多くの半導体ユーザーがいる中国で，自前の設計分野が育ってきた意義は大きい。2020年上半期の世界の半導体企業の売上高を見ると，19年上半期は16位だったハイシリコンが第10位に入った。

　なお，世界の半導体消費ランキング（図表3）では上位にファーウェイやレノボなど中国企業が顔を並べている。

## 2.4　ファーウェイ制裁は米国にも打撃

　中国を代表する企業となったファーウェイは，米中の対立が深刻化する中で，どのようになっていくのだろうか。

　スマホ事業を例に考えてみよう。前述の通り，米国からの圧力により，ファーウェイはグーグルの基本ソフトであるアンドロイドやアプリなどが使用できなくなると，自ら基本ソフトやアプリを用意せざるを得なくなる。半導体も米国の制裁を逃れる形で調達しなければならない。実際に，ファーウェイは基本ソフトについて，数千人の技術者を動員して開発を急いでいるとの情報がある。

　しかし，他社製も含めた各種のアプリケーションに支えられた広範なエコシステムを構築するには，かなりの時間と費用が必要だ。基本ソフトを作ってスマホを動かせても，魅力的なアプリがなければ，ユーザーはファーウェイ製品を買わないだろう。アプリ不足はファーウェイにとって大きなハンディキャップと言える。

　ファーウェイはソフトウエアだけでなく，端末を構成する様々な部材を海外から調達している。MPU（超小型演算処理装置）やメモリからイメージセンサーや有機ELパネル，各種の電子部品まで，日本企業をはじめ多くの外国企業から調達している。そうしたグローバル・サプライチェーンをいかに維持するかが，スマホ事業の行方を大きく左右する。

　もっとも，グローバル・サプライチェーンが破たんすれば，被害は供給側にも及ぶ。米国では，ファーウェイへの米国からの供給が完全に遮断されれば，

4万人の雇用が失われるとの試算もある。まさに米中摩擦は「勝者無しの戦争」と言え，なんとか双方が悲劇的な状況を回避するための知恵と工夫が求められる。

## ３．コロナ禍で社会実装力が高まる

コロナ禍の状況下，世界各国においてはワーク・ライフのスタイルの見直しなど，様々な工夫がなされてきた。中国ではそれに加えて，様々な「コロナ・テック」が生まれている。いくつかの事例を取り上げ，中国の実力を考えてみたい。

### 3.1　スマホを使った「健康コード」

中国は新型コロナの発生後，都市部のロックダウンという強力な措置を講じた。人々の行動を著しく制限して感染拡大を食い止めたわけだが，一方では政

図表4　コロナ対策として中国で利用された「健康コード」

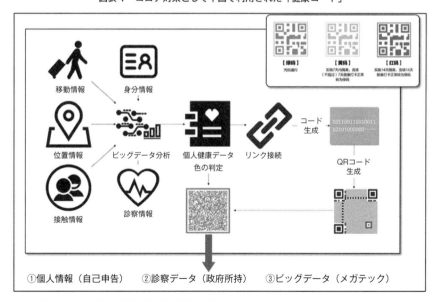

①個人情報（自己申告）　②診察データ（政府所持）　③ビッグデータ（メガテック）

（出所）中国電子技術標準化研究所情報安全研究センター，NRI 知的資産創造（李智慧論文）

府主導で国民一人一人の健康管理が徹底され，それも感染抑止につながった。

　健康管理には，中国が得意とするスマホを使ったシステム「健康コード」の構築と，それに基づくビッグデータの解析が活用された。

　健康コードは個人の身分や過去の移動情報をはじめ，感染者との接触の有無，感染歴や隔離期間などがスマホ上のQRコードで表示される仕組みだ。コードを読み取ると，その人が第三者にウイルスをうつす可能性があるかないか，がすぐ分かる。コードをかざさないとスーパーやレストランなどに入店できない（図表4）。

　新型コロナの発生後，短期間のうちにスマホのアプリとして立ち上がり，当初は浙江省杭州市など一部地域で試行され，後に全国に利用が広がった。中国が持つ，ITを活用した社会インフラを素早く構築できる技術力を示した一例と言える。

## 3.2　スピードと高い機能性で危機に対応

　中国ではコロナ禍で疲弊した消費を刺激するため，スマホを使ったデジタル消費券も発行された。大半の国民に普及しているQRコード決済を活用したもので，政府と電子商取引（EC）最大手のアリババ集団や騰訊控股（テンセント）など企業が原資を分担し，特定の地域で1人当たり数十元のクーポン券をコードとして配信した。杭州市の事例では，1人当たり平均35.1元のクーポン券が利用され，それをもとに同124.6元の消費増（約3倍の経済効果）をもたらしたという。

　コロナ禍という，社会全体を突然襲う危機への対応策には，スピードと高い機能性（どれだけの人をカバーできるか）が必要である。中国人は意思決定において，昔からスピードと機能性を第一に考える価値観を持っている。新型コロナへの危機対応には，そうした価値観は他国に比べて優位といえる。緊急時対応策の判断と実行の面において，何事にも安全性第一の日本にとって参考に値するのではないか。

# 4．日本の立ち位置と日中連携の可能性

　米中対立やコロナ禍により中国の実力が浮き彫りとなっている。日本企業は
これにどう向き合うべきなのだろうか。日本企業の強みと中国企業の強みを比
較してみよう。ここ数年で，それぞれの特徴がかなり鮮明になってきたと思わ
れる。図表5のように，アプリケーションやネットワーク機器，端末などにつ
いては，中国企業の台頭が著しい。日本はそうした分野を電子部品や部材，素
材で支えるという構図である。

　別の事例では，オムロンが世界で初めて商品化した顔認識チップがある。顔
認識はもともと米国で研究されてきたものだが，中国の清華大学がアルゴリズ
ムを開発し，それをオムロンが改良・商品化した。中国の優れた頭脳と，日本
の「匠の技」ともいえる商品化する力が組み合わさった好例といえる。

　流通業界でもユニークな例がある。コンビニ大手のローソンは2020年7
月，江蘇省南京市に通常の半分以下の店舗面積という「プレハブ店」を出店し
た。店舗面積が約50平方メートルの店と，更に小さい店（同約5平方メート
ル）の2店舗で，通常のローソン店に比べて店舗の建設期間を大幅に短縮でき
た。店舗の移動や再設置も容易なため，従来出店が難しかった公園や建設現

**再掲図表5　日中の企業の比較と補完のイメージ**

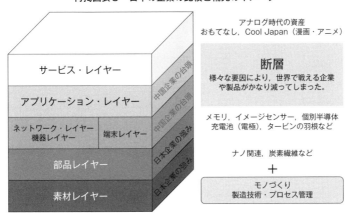

（出所）宮永博史（日本経済新聞2020年1月28日「経済教室」）に基づき筆者作成

場，駐車場など出店エリアの拡大が可能になるという。実験的な店舗の出店を日本より中国を先行させた試みである。

　中国はここ数年，特許出願件数を増やし続け，米国や日本を上回り世界一となっている。しかし，出願した企業を見ると，日本は自動車や電機，鉄鋼，機械などの基幹製造業から万遍なく出されているが，中国はファーウェイやテンセント，小米などICT系に偏る傾向にある。

　やはり日本の製造業の底辺の広がりは，中国をはるかにしのぐ。日本の強みを生かした日中連携はこの点からも有望であると言える。

# 〈BOX：ポスト・コロナの国際環境〉

　2020 年は新型コロナをはじめ，米中衝突やグローバル・サプライチェーンの
見直しなど激動の 1 年だったと言える。その中，グローバル経済に対する懐疑論
が世界範囲に増えた印象がある。一方，こういった印象論ではなく，実際の数字
（図表）を見ても，中国への依存度が年々高まり，グローバル経済が進行してい
る中，ある意味では中国の「一人勝ち」という状況が明らかである。

**主要国の輸入先に占める中国の割合（総輸入）**

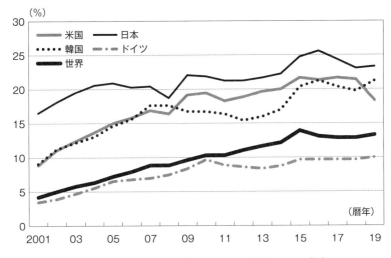

（出所）International Trade Centre の資料から日本経済研究センター作成

　この事実から日本や韓国など中国の近隣国の対中依存度はさらに高く，世界平
均の 2〜3 倍という状況を読み取れる。なぜこのような結果になったのか。その
理由は極めて単純で，冷戦終結後に欧米主導のグローバル経済が盛んになり，企
業としては市場の開拓や利益の拡大に向けて，国を跨ってビジネスを取り組むこ
とが出来たからである。経済発展の当然な帰結であろう。
　また，これは一方的な依存関係ではなく，相互依存である。例えば，日中間の
貿易では輸出入のバランスがほぼとれており，日本は中国から多数の原材料など
を輸入する一方，中国に電機電子や機械類の部品を多く輸出している。スマホの

事例をとってみても，中国のスマホメーカーは毎年，日本から数兆円規模の部材を調達しているのが現状である。

　このような現状を踏まえて考えると，日中韓をはじめとする東アジア地域の近隣諸国では，いわゆる「デカップリング」（分断）という選択肢はない，という結論に至る。

　もちろん，現状のグローバル・サプライチェーンには課題がたくさんある。市場のさらなる開放から知財の保護まで，古くて新しい課題は未解決のままであり，もっと努力すべきであろう。これは分断ではなく，密にコミュニケーションを取りながら，問題の解決に向けて協働していくことが重要ではないか。

# 第5章

# 「コロナ」で進化したプラットフォーマー
## ——日本企業は変化の本質捉え活用を

NTTDATA 経営研究所研究主幹
### 岡野寿彦

## ◉ポイント

▶ BAT が創業した 2000 年前後から現在に至る中国デジタル化の歩みは，消費者の利便性や体験を起点とする「ニューノーマル」をつくる取り組みであった。消費者との接点をおさえるスーパーアプリを中心に経済圏（エコシステム）が形成され，「消費者の限られた時間を奪い合う競争」が行われている。

▶ 2010 年代半ばからのネットの飽和に対応して，プラットフォーマーは「パートナー企業の効率化の支援，既存産業の再構築」に戦略転換した。コロナ禍により，社会課題の解決に資するサービスの重要性が高まり，「ネットとリアルの融合」を進められる組織能力が競争優位のカギを握る。

▶ 中国政府によるネット企業への規制強化は，「デジタル化時代の国家と企業の役割分担のバランスを取り直す動き」として分析するべきである。米中の技術覇権競争により，半導体技術開発とデータの活用・エコシステム構築の，「ハードウェアとソフトウェアの融合」が加速する。日本企業は俯瞰的な視点を持って「変化の本質」を理解し，機会として活かすことが必要である。

## ◉注目データ ☞ 技術進化，環境変化を活かしたプラットフォーマーの変革

| 2000年〜 | 2010年〜 | 2016年〜 | 2020年〜 |
|---|---|---|---|

消費者の利便性を起点とする「ニューノーマル」づくり

スマホ普及 ➡ エコシステム構築／スーパーアプリ

ネットユーザ増加鈍化 ➡ 企業（供給サイド）の効率化 ネットとリアルの融合

新型コロナ etc ➡ 社会課題解決

米中技術開発競争規制強化 etc ➡ テクノロジー企業へ

## 1．はじめに

　本章では，中国のプラットフォーマーの今後について，それを代表する BAT（百度＝バイドゥ，アリババ集団，騰訊控股＝テンセント）の進化のプロセスと，新型コロナウイルス（以下，新型コロナ）の感染拡大や米中両国の技術覇権競争，および中国政府の規制強化によるインパクトについて，俯瞰的に分析したい。

## 2．プラットフォーマーの発展状況～ビジネスモデルを新陳代謝

　中国のインターネット市場の特徴として，プラットフォーマーが提供するスーパーアプリ[1]を核として経済圏（エコシステム）が形成され，スマートフォンを入り口に生活サービスや金融，行政サービスがワンストップで提供されていることが挙げられる。エコシステムの構築モデルは東南アジア市場でも応用され，シンガポール，インドネシアなどで消費者の生活シーンを囲い込む競争が行われている。

### 2.1　進化の始まりは
　　　消費者の利便性や体験を起点とする「ニューノーマル」づくり

　BAT が創業したのは，中国がインターネット関連の起業ブームに沸いた2000年前後だった。当時，筆者は北京にある現地法人の総経理を務めていた。社員が次々と独立してはネット関連の事業を立ち上げて，その多くは失敗したことを覚えている。

　BAT は無数の起業者たちの生き残り組である。結果論として3社に共通するのは，進化した IT 技術を使って信用などの社会の困りごとを解決するという，プラットフォーム独特のモデル[2]を生み出したことにある。例えば，2004年にアリババが始めた「支付宝（アリペイ）」は，中国のネットビジネスを大きく変えた。同社はアリペイの支払い機能を通じて顧客をロックインし，そこから生まれたデータに基づき独自の「信用体系」を構築していった。さらに，

ビジネス機会に恵まれなかった中小企業にネット取引というインフラを提供して，成長の糧をもたらした。

　創業当初，アリババは電子商取引，テンセントはコミュニケーションやゲーム，バイドゥは検索サービスというように，それぞれ異なるコアビジネスを持ってすみ分けをしていたが，2010年代にはスマホの普及という「技術の進化」を共通の機会として，いずれもパソコンからモバイルへのシフトと，エコシステム型企業への転換を進めた。

　エコシステム構築の中核を担ったのが，アリペイやテンセントの「微信（ウィーチャット）」に代表されるいわゆるスーパーアプリである。スーパーアプリがプラットフォーマーと消費者の接点の役割を果たし，生活シーンを囲い込む競争が始まった。

　主戦場は食べる，移動するなど，生活に深く浸透したオフラインのサービスの提供だった。

　テンセントの「微信支付（ウィーチャットペイ）」と連動してフードデリバリーを提供した「美団点評」[3]や，配車サービスの「滴滴」が急成長したのは，その典型である。スマホを入り口にオフラインのサービスにつなげる“O2O（Online to Offline）”が，生活の様々なシーンに深く普及したことが中国のデジタル化の特徴といえる。

　O2Oの浸透により，中国ではネットからリアルまで跨って様々なデータを取得することが可能になり，膨大な人口やその多様性と相まって，AI（人工知能）アルゴリズム開発のための良質な実験場となる条件が整っていった。ある中国政府系シンクタンクの研究者は，「基礎技術では米国にまだ敵わないが，中国は実用化を積極的に進め，そこから豊富な知見を得られるのが強みだ」と話している。

　BATの創業から現在に至る中国のデジタル化の歩みは，プラットフォーマーによる消費者の利便性向上と体験（カスタマーエクスペリエンス）を起点とする「ニューノーマル」を作り出す取り組みであり，現在もそれは継続，深化している。そして，プラットフォーマーはニューノーマルづくりの中で，市場の課題解決を通じてエコシステムを進化させてきた。

## 2.2　消費者の限られた時間を奪い合う競争へ〜ライブコマースの台頭

　急速に成長し始めたプラットフォーマーだったが，中国では2010年代半ばから，ネットユーザの増加率が減少に転じ始めた。市場環境が変化する中，プラットフォーマーは「消費者の限られた時間を獲得する競争」へと突入した。「コミュニティの力を活用した顧客開拓」「ミニプログラムによる『仲介機構の短縮』」「AIとデータを活用して消費者の人物像を正確に理解する」など，ネット飽和時代において消費者を囲い込んで販売につなげるためのビジネスモデル開発を競うようになった。

　ネット人口の増加が頭打ちになると，新たな顧客を獲得するためのコストは上昇する。ネットユーザーの増加を前提とする旧来のビジネスモデルは限界を迎え，プラットフォーマーはインターネット上で形成されるコミュニティと電子商取引を融合させて，コストを抑えて新規トランザクションを獲得するためのビジネスモデル開発に取り組むようになった。

　中国の消費者は自分が属するコミュニティにおける評判や，口コミを確認してから購買の意思決定をする傾向がある。このような消費者の行動性向に基づき，デジタル技術を活用してコミュニティを作りやすくすることで，消費者の購買を刺激する仕組みを構築している。

　コミュニティの力を活用した顧客開拓には，主に3つのパターンがある。1つはチーム購買モデルだ。2人以上の消費者が集まってチームを作り，優遇価格を受ける。価格メリットにより，消費者の積極性を引き出し，口コミなどで購買層が広がることを期待する。多くは友人や親戚などの強いつながりを持つチームが組まれる。2015年設立のプラットフォーマー，拼多多（ピンドゥドゥ）は低価格を求める地方の消費者のニーズに対して，このチーム購買モデルで応えて急速な成長を遂げ，18年には米ナスダックへの上場を果たした。

　2つ目は「社区」コミュニティをベースとするモデルである。この「社区」は中国語で都市部の基礎的な行政区画の単位を指す。例えば，上海市では，大規模集合住宅が1つの「社区」を構成する。「社区」コミュニティをベースとするモデルは，「社区」内のパパママショップ店長らをリーダーとする購買プラットフォームが，倉庫，配達，アフターサービスなどを提供する。地元の安心感と便利さで会員が集まりやすく，顧客獲得コストを下げることができる。

　3つ目は急速に普及しているライブコマースである。ライブコマースとは,ライブ動画を通じて消費者に商品やサービスを直接,訴求する販売方法であり,臨場感や双方向性に特徴がある。商品やサービスに興味を持った人はその場で質問できるので,購買につながりやすい。

　中国では,消費者は企業の品質・性能表示を信用しない傾向がある。ライブコマースは,KOL（Key Opinion Leader）と呼ばれる専門性の高いインフルエンサーが自身で製品を使った体験を披露している。「網紅（ワンホン）」に代表されるKOLは使用シーンをイメージできるように商品を紹介し,消費者の共感を得ることで購買を促進する。「使用シーン」というコンテンツを核に,コミュニティが形成されるのがこのモデルの特徴である。EC（電子商取引）事業者はネットユーザーの増加が期待できない中で,顧客を獲得する手段としてコンテンツを活用したい。コンテンツ事業者にとっても,商品の販売と組み合わせることで,コンテンツを開発してマネタイズする方法を確保できる。

　新型コロナの感染拡大期では,多くの企業の販売が低迷する中,経営者が自らライブコマースに出演して自社サービスや商品を消費者に訴求することもトレンドとなった。共感を得ることで「売れない時代に売る」ための販売手法として,「ポスト・コロナ」においてもライブコマースは進化するだろう。

## 2.3　ミニプログラムによる「仲介機構の短縮」

　ライブコマースなどとともに,プラットフォーマーによる新しい消費者獲得手段として注目されているのが,ミニプログラム（中国語は「小程序」）である。

　ミニプログラムは,ウィーチャットやアリペイなどアプリの内部に実装される,インストールが不要なプログラムだ。従来,スマホのアプリケーションは個別にダウンロードし保存したうえで利用するのが一般的だった。アプリごとにパスワードなど管理したり更新したりする必要があり,スマホの保存容量の制約もあった。

　ミニプログラムはウィーチャットなどの上でプログラムをクリックするだけで利用出来る。スマホの保存容量を節約でき,毎回のログイン時にパスワードなどを入力する手間も省ける。メーカーは自社で企画・製造した商品を,ミニ

プログラムを使って「仲介機構を短縮」した形で直接消費者に販売することができる。

　テンセントは2017年1月にウィーチャット上でのミニプログラムの提供を開始した。消費者はウィーチャットから直接，メーカー各社が提供するミニプログラム（アプリケーション）に入り，製品やサービスをみることができる。購入する場合，支払いもウィーチャットペイで行われる。

## 2.4　AIとデータを活用して消費者の人物像を正確に理解

　中国ではAIの活用も進んでいる。プラットフォーマーはAIによるレコメンド（おすすめ）機能を通じて消費者との対話を強化し，データをさらに収集して顧客や市場の理解を深め，顧客ニーズを起点とした商品やサービスの開発を加速させている。さらに，個々の消費者のニーズ理解と商品・サービス開発，レコメンド機能の間で，繰り返し「フィードバック・ループ」[4]をまわすことで「正確性」を向上させる。より正確に消費者のニーズを理解できれば，広告効果が一段と高まり，広告主の限られた予算からより多くの売上を得ることができる。

　中国で開発された一連のエコシステム開発モデル（図表1）は，経済成長段階にある東南アジア市場で応用されるようになった。グラブ（シンガポール）やゴジェック（インドネシア），シー（シンガポール）といったインターネット企業を中心に，スーパーアプリを核として様々なサービスを提供する企業が

図表1　消費者を囲い込んで販売につなげるためのモデル開発

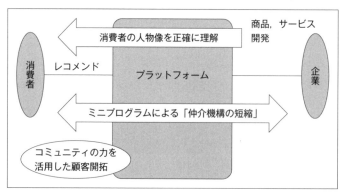

協業してエコシステムを形成し，消費者を囲い込む競争が行われている。

　コロナ禍においては，グラブ，ゴジェックはいずれも非中核事業から撤退して配車やフードデリバリー，決済・金融に経営資源を集中させるようになった。中国と同様に「ネットとリアルの融合」でのポスト・コロナにおける成長機会を窺っている。今後，事業者の統合など再編も進むだろう。

## 3．ネット飽和時代の戦略転換〜コロナ禍を経て一段と成長

　中国では 2010 年代後半から経済成長が減速期に入った。プラットフォーマーは経済の環境変化に伴い，この頃から「パートナー企業の効率化支援」や「既存産業の再構築」といった分野へと戦略をシフトしていった。さらに，2020 年のコロナ禍によって「社会課題の解決」に資するサービス開発の戦略的重要性が改めて高まった。プラットフォーマーのデジタル化の対象は，消費者サイドから徐々にミッション・クリティカルな企業の業務や社会課題の解決へと移り，新たなステージに入ったことで一段の成長を果たすようになった。

　現在のプラットフォーマーの主戦場は，「消費者サイドと企業サイドを跨るようなデータの流通を促進させ，そのデータを把握してエコシステムを改善する」サイクルを回すところにある。また，パートナー企業の効率化を支援してデータ経済圏を構築するための方法論として，「ミドルプラットフォーム」（中台）の開発に取り組んでいる。

### 3.1 「インターネット第2ラウンド」への転換

　中国のインターネットビジネスは，2010 年代半ばに大きな転換点を迎える。この頃の中国の経済政策をみると，14 年には習近平指導部が「新常態」という概念を打ち出し，15 年には供給サイドの改革が強調された。中国全体が産業の構造転換を模索し始め，その柱として，政府は「中国製造 2025」や「インターネット＋（プラス）」などの産業政策を掲げた。プラットフォーマーも経済の「量から質への転換」「経済成長期から成熟期への移行」に対応したビジネスモデル変革が必要となった。

　ビジネスモデル変革にどう挑むのか。美団点評の王興・最高経営責任者

(CEO) やテンセントの馬化騰 CEO らは「中国インターネットは第2ラウンド入りした」として，戦略の重点を「企業（供給サイド）の効率化を支援」「サプライチェーンの上流に遡って，既存産業を再構築」することに転換すると宣言した（図表2）。

図表2　中国インターネットは第2ラウンドへ

| | 第1ラウンド | 第2ラウンド |
|---|---|---|
| 基本的な競争戦略 | 消費者の「集客」<br>（先行投資で規模を確保） | パートナー企業の効率化を支援，既存産業再構築 |
| 戦略目標 | 「ネットワーク効果」を働かせる顧客体験 | エコシステム全体の効率化，収益化ネットとリアルの融合 |
| 中核技術 | インターネットでつなぐ | AI で効率化する |
| 経済社会に対する役割 | 経済成長期：<br>「信用」など社会の困りごとを解決 | 経済成熟期：<br>不効率な伝統的産業の再構築 |

　具体的には，テンセントは「消費インターネットから産業インターネットへ」を提唱し，コンテンツ，製造，金融，医療などの領域において，伝統的企業との提携を通じたビジネスモデル革新を模索し始めた。美団点評は飲食を中心とする「生活総合プラットフォーム」を構築するために，飲食店の経営安定化を支援し，さらに食材の産地までサプライチェーンをつなげようとしている。アリババは既存産業をデータ駆動型で消費者ニーズを起点とした形に再構築する取り組みとして，「新小売」「新製造」「新金融」というコンセプトを打ち出し，実践面において様々な試みを重ねている。

### 3.2　ミドルプラットフォーム戦略〜データ経済圏構築の方法論

　中国のプラットフォーマーは，プラットフォーム・モデルに適した IT や組織のアーキテクチャの先行事例が乏しい中，実践を通じてその開発や改善を進めてきた。アリババを例にとると，同社は 2008 年から「中台」と呼ぶ，業務ナレッジやデータの全社一元管理・活用を目的にしたミドルプラットフォーム（図表3）の開発に取り組んできた。タオバオや T モールなどのフロント業務において，それらが持っている業務ナレッジを蓄積し，データも一元管理するもので，15 年まで7年かけて，その仕組みを作り上げた。

図表3　アリババのミドルプラットフォーム

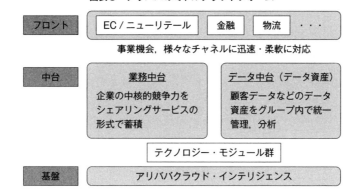

現在はこうした業務モジュールなどの仕組みをパートナー企業や政府などにも提供している。第三者への提供を通じて，ミドルプラットフォームを利用しているエコシステムの価値を高める狙いである。

テンセント，美団点評，バイドゥ，北京字節跳動科技（バイトダンス），滴滴出行などのプラットフォーマーも，2018年からミドルプラットフォームの建設をコアとする組織改革に着手し，パートナー企業のエンパワーメントを進めようとしている。テンセントはアプリケーションやコンテンツの開発者らに，自社開発したミドルプラットフォームを提供している。こうした流れは，プラットフォーマーがパートナー企業のエンパワーメントを通じて，消費者サイドと企業サイドを跨るデータ経済圏を作るための1つの方法論となっている。

## 3.3　コロナ禍で高まる課題解決型サービスへのニーズ
### 　　〜日本企業にもチャンス

2020年以降，米中の対立激化や新型コロナなどによる「不確実性」が常態化する中で，企業経営においてはレジリエンス（困難な状況に直面した際の強靭さや復元力）がより重視される。柔軟性を確保するためには固定費の削減やキャッシュフローの確保が重要であり，そのためには企業間提携やアウトソーシングなど，自社の強みを再定義したうえでの「経営のオープン化」が不可避になる。このような変化の中で，中国ではデジタル技術を活用した「課題解決

型」サービスを駆使して，事業開発を進めるプラットフォーマーも目立ってきた。

その好例として医療ビジネスが挙げられる。遠隔医療を例にすると，平安好医生（Ping An Good Doctor），阿里健康（Ali Health＝アリババグループ），微医（We Doctor＝テンセントグループ）などのオンライン医療プラットフォームは問診サービスや医療機関の予約，医療用品の販売，健康情報の提供などを目指している。現時点では患者と医師・医療機関，医療機器企業との「マッチング」にとどまっているが，医療保険の規制緩和が進み，技術的な信頼性が高まれば，受付から診察，薬の処方と配送，医療保険の申請まで，ワンストップの医療サービスを自ら提供できるようにする計画だ。

オンライン診療は，従来の診療に比べ診断の精度が劣るとされる。誤診の危険性をなくし，さらには個人情報漏洩に関する責任問題を解決するためには，リアルとオンラインを融合させ，医療水準とセキュリティを確保しながら医療に関する社会問題を解決する必要がある。すなわち「医療現場，病院経営の深い業務知識とデジタル技術の融合」がカギとなる。

新型コロナの感染拡大は高齢化，都市化，環境破壊など社会課題に焦点を当てたソリューションのニーズを今まで以上に高め，「ネットとリアルの融合」をより深化させていくと考えられる。そうなると，企業にとってはミッション・クリティカル領域の業務知識や，安全性・信頼性を実現するオペレーション力が，技術力とともに重要になる。プラットフォーマーもこうした潮流に注目しているのだ。

日本企業にとっても，「リアルの強み」を活かして競争優位を再構築するチャンスが確実に広がるだろう。この機会を活かすためには，デジタルの力を活かす変革が意味することを謙虚に学ぶ必要があり，中国のデジタル化の進化プロセスは格好のベンチマークとなる。

## 4．中国プラットフォーマーの今後の行方
### ～規制強化，米中技術覇権競争のインパクト

ここまで，中国のプラットフォーマーの進化プロセスを俯瞰的に見てきた。

最後に, 中国政府の規制強化, 米中による技術覇権競争の激化という直近のインパクトを分析し, プラットフォーマーの今後を展望したい。

## 4.1　アント・グループの上場延期について

　中国企業に関して2020年に日本で最も注目を集めた話題の1つに, アリババ傘下の金融会社, アント・グループの上場延期がある。アリババの創業者, 馬雲(ジャック・マー)氏の「金融当局の監督手法は時代遅れだ」という趣旨の発言(2020年10月)が原因との見方もあるが, 今後のプラットフォーマーを展望するうえでは,「中国特有の事情」と「デジタル化による環境変化」とを切り分けて, 中国政府の規制ポリシーの変化を考える必要があろう。アリババを巡る動きは「民間企業主導による市場形成の行き過ぎた部分を是正しながら, 政府と民間とのバランスを取り直すもの」として分析を深めることが有益である。

　中国政府が産業振興策として打ち出した「中国製造2025」や「インターネット+(プラス)」の狙いは, 従来の投資や輸出主導の経済発展モデルを転換し, ITを新たな成長エンジンとしようというものだった。IT政策の目的は, 社会秩序の維持や雇用確保, 中国企業の競争力を高めながら,「経済社会の構造改革」を進めることにあったと考える。

　ここでいう「経済社会の構造改革」とは, デジタル化によってサービスの受益者が拡大し, より多くの人々の行動が「ルールを守る」ように規範化され, 社会が「人治から法治」へと進化するといった構図である。規範化された社会のインフラの1つとして, アリババ・グループの「芝麻(ゴマ)信用」などITを使った「社会信用体系」が構築されたが, 一方で現在では人々の行動が厳しく監視されるようにもなっている。規範化による経済の質の向上と監視強化のバランスをどう取るのかが, 中国が発展していくうえでの大きな課題である。

## 4.2　中国政府のIT政策の変化
### 〜21年は「反独占と資本の無秩序な拡張防止を強化」

　中国政府は米国との対立が深まる中で「科学技術強国の建設」, さらには

「科学技術の自立・自強」という大きな目標を強調するようになった。2021年の経済運営方針を決める20年12月の中央経済工作会議では、21年の重点任務の筆頭に「国家戦略科学技術パワーの強化」を置き、自主的なイノベーションを推進することを掲げた。

　イノベーションの推進体制については、国家は組織者の役割を果たすが、主体はあくまでも企業であることを確認している。リード役の企業がイノベーション連合体を組織することを支援し、中小企業のイノベーション活動をけん引しなければならない、ともしている。ただ、ネット産業については「政府による掌握・統制強化」へと規制のポリシーを転換しているようにみえる（図表4）。

図表4　中国政府のITに関わる政策、プラットフォーマーへの規制の推移

| 2014年 | 大衆創業・万衆創新（インターネットビジネスの担い手確保） |
| | 社会信用体系構築計画要綱（2014〜2020年） |
| 2015年 | 互聯網＋（インターネット＋） |
| 2017年 | 次世代人工知能発展計画　国家次世代AI開放創新プラットフォームの認定開始 |
| 2018年 | 当局が新作ゲームの審査を一時凍結。<br>テンセントなどが新作ゲームを一時販売できなくなる |
| 2019年 | 「電子商務法」制定 |
| 2020年 | 「アント・グループ」の上場延期 |
| | 巨大ネット企業の独占行為を規制する指針の草案を公表 |

　中央経済工作会議は2021年の重点任務として「国家戦略科学技術パワーの強化」のほか6項目を挙げているが、このうち5項目はプラットフォーマーの事業環境に大きく影響する[5]（図表5）。

　最も注目すべきは「反独占と資本の無秩序な拡張防止を強化する」である。この項目については、「国家は、プラットフォーム企業のイノベーション・発展、国際競争力増強を支援し、公有制経済と非公有制経済の共同発展を支援すると同時に、法に基づき規範的に発展させ、健全なデジタル・ルールを整備しなければならない」として、プラットフォーマーを念頭に独占を禁じる方針を打ち出した。

　中国政府は前述したように、インターネットを経済構造改革のエンジンとし

**図表5　プラットフォーマーに影響する「2021年の重点任務」**

| |
|---|
| 国家戦略科学技術パワーを強化する |
| 産業チェーン，サプライチェーンを自主的にコントロール可能にする能力を増強する |
| 内需拡大という戦略的基点を堅持する |
| 改革開放を全面推進する |
| 反独占と資本の無秩序な拡張防止を強化する |

て位置づけ，民間主導によるイノベーションの創出を基本的に支持してきた。政府が米フェイスブック，グーグル，ツイッターなどのサービスを中国市場から排除したことで，中国のプラットフォーマーは人口14億人の巨大市場で外資に脅かされることなく，規模の利益を活かして成長できたという面もある。

　しかし，今日，インターネットは市場形成段階を経て，消費者の生活に浸透し，企業のビジネスへの影響力も強くなっている。このため，政府は2019年に電子商務法[6]を制定したり，個人情報保護法の制定準備を進めるなどして，インターネット市場に関わるルールの整備に乗り出している。中央経済工作会議が21年の重点任務で「反独占と資本の無秩序な拡張防止を強化する」としたことで，中国のプラットフォーマーに対する規制強化の姿勢がより明確になったといえる。

## 4.3　デジタル化時代の国家とプラットフォーマーの関係

　加藤ほか（2013）は，国家資本主義を「資本主義の一形態であり，国家（政府・党・国有企業）が強力な権限を持ち，市場を巧みに利用しながらその影響力を拡大する新興経済国の経済システム」と定義している。中国政府が企業の活力を活用しながら市場を形成するうえで，規制ポリシーを「放任から掌握」に転換することは既存業界でも繰り返されてきた。

　拙著『中国デジタル・イノベーション：ネット飽和時代の競争地図』（日本経済新聞出版，2020年）で解説したように，「モバイルインフラ」[7]を例に挙げると，中国政府は図表6のようなステップで，民間企業の活力を活用しながら国家のインフラを構築した，と筆者は理解している（第5章「中国政府のIT政策と社会の変容」p. 179）。

　中国では，加藤ほか（2013）が定義する国家資本主義のシステムが，デジタ

**図表6　中国のモバイルインフラ構築のイメージ**

① アリペイは，ECの課題であった「安心な決済」という「困りごと」を解決する目的で，2004年にアリババがサービスをスタート。その後，他のECにもオープン化
➡ 当初は，民間企業の自助努力で事業化を図った。政府は，既存の何かが時代に合わなくなっているときに，民間企業に自由に活動させてイノベーションを起こさせるよう企図。利便性の向上で，国民や社会の受容性を上げることをねらいとする。
② 2011年：決済[8]ライセンスを制度化して事業者を絞り込み
➡ 市場として成長すると，「業界秩序」，「消費者保護」などを目的に，行き過ぎた部分の調整として「規範化」を行う。
③ 2017年頃からの動向：実質的にアリペイ，ウィーチャット，銀聯の3社による競争
➡ 強い事業者2～3社を実質的に選定して切磋琢磨させ，国際競争力を身に着けさせる。実質的に国家のインフラとして機能させる。

ル化の領域においても運用されているといえる。ただし，規制が強化されても，民間企業が政府の一機関として，その指示通りに動くわけではない。政府も企業によるイノベーションを必要としている。「政府と企業が，お互いを利用し合っている」というのが，筆者の実感である。

　一方で，デジタル化時代の政府と企業との関係については「エコシステムのリーダーを誰が務めるのか」という観点で考察することが，日本のデジタル化を考えるうえでも有益である。

　中国のインターネットは，これまで述べてきたように，プラットフォーマーを中心とする民間企業の創意工夫によりイノベーションを起こし，政府も「やらせてみて，必要に応じて規制する」という規制ポリシーで，これを基本的に支援してきた。しかし，例えば，アリペイやウィーチャットなどのスマホ決済が疑似的な通貨の機能を果たし，政府が把握できないエコシステムが形成されて，市場での影響力が大きくなっていることに，政府は危機感を持っていると考えられる。

　中国が実験を進めている「デジタル人民元」の導入目的には，スマホ決済の普及により，政府による決済情報の管理が困難になり，金融政策が及ばないエコシステムが形成されていることへの対応がある。すべてのスマホ決済が経由するように義務付けた「網聯」（2017年に設立）とあわせて資金の流れを捕捉し，金融政策力を維持すること，プラットフォーム間でブロックされている決済手段の相互運用性を確保したうえで，より安全かつ低コストの決済手段を担

保することなどが目的とされる。

　こうした動きをみると，プラットフォーマーは成長して経済・社会への影響が高まるほど，政府による管理が強化されるという「成長のジレンマ」に直面しているといえる。一方，中国政府は，民間企業によるイノベーション創出の必要性を認識し，政府による掌握・統制との間でバランスを取ろうとするだろう。

　デジタル技術を活用したイノベーションを創出するうえで，都市などのインフラの重要性が増しており，政府の役割は増大する方向にある。「政府とプラットフォーマーの役割分担」は，各国に共通する重要な論点であるが，特にデジタル技術の社会実装が先行する中国における試行錯誤は，日本にとっても参考になるだろう。

## 4.4　米中技術覇権競争によるインパクト〜テクノロジー企業に発展へ

　中国が技術の標準化で主導権を握ることを警戒する米国政府は，中国のハイテク企業を極力排除するデカップリング（切り離し）策を進めている。米中摩擦は，両国間の関税引き上げ合戦に象徴される貿易戦争から，ハイテク覇権競争の性格が強くなっている。

　ネット空間では，個人情報・データの取り扱いについて，国・地域が価値観をぶつけ合うようになっている。安全保障の観点でも，米国，欧州，中国の3つのデータ経済圏で，センシティブデータ（国家機密，プライバシー情報）を国内に保存し，越境データを確保する競争が行われている。データローカライゼーション[9]が進むと，国により異なるルールへの対応やサーバーの新設などにより，企業のコストが増加することが懸念される。

　今後の展望について予断は許さないが，データ経済圏がブロック化すれば，自前で「良質で多様なデータ」を調達できる国ほど，AIアルゴリズムを進化させやすくなる。中国が主導するデータ経済圏は，「一帯一路」構想の沿線国にじわじわと拡大していくだろう。AIの実用化と社会実装において，中国の優位性は高まっていくと想定される。

　一方で，ハイテク覇権競争の主戦場は，軍事技術とも関連する高速通信規格「5G」と半導体になっている。米国の輸出規制[10]により，中国は自己完結でき

るサプライチェーンを築くために半導体の内製力を整えること急務となった。しかし，プロセッサーの製造は技術の蓄積が必要であり，人材面や輸入に頼る製造装置の現状などから，中国が欧米にキャッチアップするには課題があるとされる。中国が社会実装をしながら磨いている AI の能力を活かすためにも，今後は自国で生産する半導体の性能向上が重要になる。

　グーグル，アップルなど米国の大手プラットフォーマーが AI 処理専用の半導体，いわゆる AI チップの開発に乗り出したと同様に，アリババやテンセントなど中国のプラットフォーマーも「テクノロジー企業」となることを掲げ，AI 関連や 5G，自動運転に照準を定めた半導体開発を始めている。

　アリババを例にとると，技術開発の重点を従来の AI やブロックチェーン，クラウド，ビッグデータに加えて，半導体などの要素技術にまで拡大している。基礎科学とイノベーション技術の研究開発を目的として，2017 年に「達摩院（DAMO）」を設立し，AI，量子コンピューター，半導体などの技術開発に取り組んできたが，さらに，達摩院が出資をして，18 年に「平頭哥半導体（T-HEAD）」を設立。ここでは 5G，AI，自動運転での実用化をターゲットに，半導体開発を進めている。いずれも半導体までさかのぼって要素技術をおさえ，産業や社会のより幅広い領域で，テクノロジー企業による変革を進めていく戦略である。

　デジタル化が深化するなかで，「ネットとリアルの融合」と共に，「ハードウェアとソフトウェアの融合」が進んでいくが，米中技術覇権競争はこの「ハードウェアとソフトウェアの融合」を加速することに注目するべきだ。そして，中国のプラットフォーマーの今後を展望するうえでは，本章でみてきたような，彼らのこれまでのデータ活用・エコシステム構築戦略の歩みと，最近の半導体内製化の進捗状況を両にらみして分析することが重要である。

　デジタル技術の進化とともに，「ネットとリアル」「ハードウェアとソフトウェア」「国家と企業」などの「融合」が進む一方で，「地域的な分断」が進んでいく。これが中国のプラットフォームの分析からわかる，現在進行している変化である。日本企業は，俯瞰的な視点を持って，このような「変化の本質」を理解し，自社の機会として活かすことが必要である。

**［注］**

1　日常生活で使う頻度の高いサービスをワンストップですべて提供するアプリ。

2　人と人，人と企業，企業と企業をマッチングすることで取引を生み，経済的価値を生み出すモデル。

3　2010 年に創業した，飲食を中心とする生活総合プラットフォーム企業。18 年に香港市場に上場し，中国の IT 企業で時価総額第 3 位。

4　何らかの課題の解決や，商品・サービスの開発を目的に，AI 技術を活用して「アルゴリズム」（コンピューターが効率的に問題を解いたり，課題を解決したりするための処理手順）を開発。関連するデータを収集して，アルゴリズムに読み込ませ，さらに改善するというループをまわすことをいう。

5　アジア経済研究所「2020 年中央経済工作会議のポイント」を参照した。

6　中国国内で実施される電子商務（EC）活動に適用され，電子商務に関係する主体である消費者，電子商務で販売をする企業，プラットフォーマーの三者の法的権益のバランスを取ることを目的に，特にプラットフォーマーの責任と義務を重くして消費者保護を強化している。

7　モバイル決済を消費者との接点とし，これに企業や政府のサービスをつなぎ込むことで形成されるエコシステム。

8　中国語：第三者支払。

9　EC サイトやコンテンツ配信サービスなど，インターネットを通じて提供される各種サービスに用いられるサーバーやデータについて，国外への移転・持ち出しを制限すること。

10　2019 年 5 月，米国政府は，ファーウェイへの米国企業の製品やソフトウェアの輸出を許可制にした。20 年には，米国製の装置を使用する国内外の半導体メーカーに対してファーウェイへの輸出を禁止している。

**［参考文献］**

アジア経済研究所「2020 年中央経済工作会議のポイント」。

岡野寿彦（2020）『中国デジタル・イノベーション：ネット飽和時代の競争地図』日本経済新聞出版。

加藤弘之・渡邉真理子・大橋英夫（2013）『21 世紀の中国　経済編：国家資本主義の光と影』朝日新聞出版。

馬化騰等著，永井麻生子訳，岡野寿彦監修（2020）『テンセントが起こすインターネット＋世界革命：その飛躍とビジネスモデルの秘密』アルファベータブックス。

# 第6章

# 人民元の国際化とデジタル人民元
## ──匿名性欠如と資本取引規制がネック

帝京大学経済学部教授

**露口洋介**

## ◉ポイント

▶中国当局による人民元の国際化は，2009 年 7 月に開始された。その主な目的は，対外取引の米ドルへの過度の依存からの脱却であり，その目的に沿った人民元の国際化は着実に進展してきている。

▶デジタル人民元の研究は 2014 年から開始された。当初は民間デジタル通貨への対応として国内的な観点から研究されてきたが，その後，リブラ構想の公表によって国際的な対応の観点が加わった。

▶デジタル人民元が導入されても，匿名性が欠如していることと資本取引規制によって海外での調達が自由でないことが制約となり，人民元の国際化を推進する効果は限定的と考えるべきである。

## ◉注目データ ☞ 中国におけるデジタル人民元を巡る動き

| 2004年12月 | アリペイ開始 |
|---|---|
| 09年7月 | クロスボーダー人民元決済を許可。人民元の国際化開始 |
| 10年4月 | アリババ少額融資開始 |
| 13年6〜8月 | 余額宝，ウィーチャットペイが相次ぎ開始 |
| 14年 | 人民銀行，デジタル人民元の研究開始 |
| 15年12月 | 「非銀行決済機関オンライン決済業務管理弁法」交付 |
| 17年4月 | 人民銀行が第三者決済機関に対し顧客からの預かり資産の一定比率を準備預金として預入することを要求（当初 20%程度） |
| 17年5月 | 余額宝の 1 人当たり預入額上限を 100 万元から 25 万元に下げ |
| 17年8月 | 「聯網」設立 |
| 17年9月 | 中国政府，暗号資産による ICO を禁止し取引所を閉鎖 |
| 18年6月 | 第三者決済機関は「聯網」と接続し決済情報を集中 |
| 18年8月 | 「余額宝」の 1 人当たり預入額上限を 10 万元に引下げ |
| 19年1月 | 人民銀行，第三者決済機関に要求する準備預金比率を 100%に |
| 19年6月 | フェイスブックがリブラ構想を発表 |
| 20年5月 | 易綱・人民銀行総裁がデジタル人民元の試験運用開始を公表 |

（出所）各種資料に基づき筆者作成

## 1．はじめに

　中国では，中国人民銀行（中央銀行）が，現金に替わる電子的な支払い手段である中央銀行デジタル通貨（デジタル人民元）の試験運用を開始するなど，その実現に向けて急ピッチで作業が進んでいる。デジタル人民元導入の目的は，当初の国内的な観点から，国際的な観点に重点が移ってきている。本章では，人民元の国際化[1]との関連で，デジタル人民元の動向と今後について検討することとしたい。

## 2．人民元国際化の経緯

### 2.1　人民元国際化の始まり〜リーマン・ショックが引き金
　中国人民銀行と関連部局は，2009年7月2日から国境をまたぐ対外決済（以下，クロスボーダー決済）に人民元を使用することを認めた。それまでは，中国国内に所在する銀行が，海外の銀行に対して人民元建ての決済口座を提供することが禁じられており，人民元は海外との間での取引決済や海外で受け渡しを伴う取引に利用することが基本的に不可能な通貨だった。人民元のクロスボーダー決済が開始された際には，図表1に示すように，中国国内の銀行は代理銀行として，海外の参加銀行のために代理口座と呼ばれる人民元決済のための口座を提供することが認められた。この措置によって人民元は国際化の第一歩を踏み出したといえる。

　従来，中国当局が人民元の国際化に慎重だったのは，①人民元を国際的に活発に利用される通貨にするためには資本取引規制の緩和が必要となるが，海外との間の資金移動が活発化することによって金融政策の有効性が阻害される惧れがある，②海外で自由に人民元の為替売買取引が行われると人民元の為替レートが海外市場で形成され，為替レート管理が困難になる──ことなどによるものと考えられる。

　これに対して，2009年7月に人民元によるクロスボーダー決済を認めた理由として，中国人民銀行は公表文の中で，「世界金融危機の影響を受け，米ド

図表1　人民元を使ったクロスボーダー決済の概要

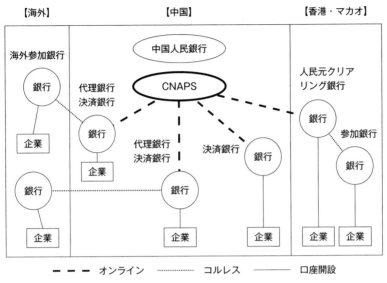

（出所）筆者作成

ル，ユーロなどの主要な国際決済通貨の為替レートが大幅に変動し，我が国と
近隣国家や地域の企業が第三国通貨を使用して貿易決済を行う場合大きな為替
リスクに直面した」ことを挙げている[2]。

　ここでいう「第三国通貨」は明らかに米ドルを指しており，貿易取引の決済
通貨の米ドルへの過度の依存からの脱却が主な理由と指摘されているのであ
る。2008年に発生したリーマン・ショック後の世界金融市場ではドルの流動
性が枯渇し，国際間の決済に支障が生じかねなかった。米ドルとユーロ，円な
ど主要通貨間の為替レートが激しく変動し，米ドルに過度に依存した状況によ
る為替リスクの大きさも強く意識された。また，米ドルを利用して決済を行う
と，中国国内で米ドルと中国人民元の為替売買取引が行われることになるが，
米ドルの最終的な決済がニューヨークで行われるため，中国国内で行われる人
民元の受け渡しとニューヨークで行われる米ドル受け渡しの間の時差リスクを
回避することが必要，ということも認識されたとみられる。

　さらに，米国政府が米国国内に所在する銀行に命じれば，中国の米ドル決済
を止めるという金融制裁が可能である。米ドルによる決済が不可能になると，

中国の対外取引は著しく制限されることになる。このような国家安全保障上の観点も，米ドルへの過度の依存からの脱却を図った理由と考えられる。

　人民元のクロスボーダー決済が認められた当初は，対象取引は貨物貿易に限られ，対象地域は中国国内では上海市と広東省の4都市（深圳，広州，東莞，珠海市）の合計5都市のみ，海外は香港，マカオ，東南アジア諸国（ASEAN）に限られた。人民元の国際化は非常に限定された形でスタートした。なお，香港とマカオは中国の領土ではあるが，一国二制度の下，特別行政区として人民元とは異なる通貨である香港ドルとマカオ・パタカが流通している。外国為替管理上は中国本土から見て海外扱いとなっている。

## 2.2　着実に進む国際化〜国際送金のシェアは第5位に

　その後，人民元のクロスボーダー決済にかかる規制は順次緩和，整備され，人民元国際化のプロセスは進展してきた[3]。2010年6月には対象取引が経常取引全体に拡大され，海外の対象地域制限は撤廃された。15年には人民元の国際間決済システム「CIPS（Cross-Border Interbank Payment System）」を稼働させ，海外の銀行と中国国内の銀行との間の人民元による対外受払を，より簡便に行えるようにした。

　2020年5月には，適格海外機関投資家制度（QFII）と人民元建て適格海外機関投資家制度（RQFII）の個別機関の投資限度枠が撤廃された。QFIIとは，適格と認められた海外の機関投資家が外貨で中国国内に送金し，国内で人民元に交換したうえで人民元建ての債券や株式などの証券に投資することが認められる制度である。RQFIIは，QFIIの海外からの送金が人民元建てで行われる制度である。QFII，RQFIIには個別機関ごとの投資限度枠が設定されており，RQFIIにはこれに加えて，認められる海外の国が定められ，国ごとの投資枠の制限が加えられていたが，20年5月にこれらの制限がすべて撤廃された。

　中国では，為替管理を定める法規が人民元建てと外貨建てで別々に存在するが，当局は外貨建ての送金に比べて人民元建ての送金を有利に扱い，人民元建ての対外受払を増加させるよう努めてもいる。例えば，対外貿易取引の受払については資本取引が規制されているため，資本取引ではないという実需証明の必要がある。

　外貨建ての場合は貿易企業を法令順守状況などに応じてＡ～Ｃ類の３種に分けて，Ｂ類，Ｃ類と順守状況の悪い順になるほど監督方法を厳格化する。通常のＡ類企業が輸入代金を支払う場合でも，銀行に「申告書」とインボイスなどの証明書類を提出する必要がある[4]。一方，人民元建ての場合は，企業の分類は通常企業と重点管理企業の２種類に簡素化されており[5]，対外受払について，通常企業はインボイスなどの業務証憑もしくは銀行に対する「説明書」のどちらか一方を提出すればよい[6]。

　これらの人民元建て取引に関する規制緩和の結果，2009年７月以前は事実上ゼロであった人民元建てのクロスボーダー決済の規模は，10年後の19年には前年比24.1％増の19兆6700億元となり，中国の対外受払全体に占めるシェアは38.1％に達した。特に「一帯一路」構想の沿線国家との決済金額は同32％増の２兆7300億元と高い伸びを示している[7]。また，国際銀行間通信協会（SWIFT＝スイフト）のデータによると，20年11月の世界全体の国際送金に占める人民元建ての比率は2.0％で，ドル，ユーロ，英ポンド，円に次いで５位となった[8]。

　中国が他国との間で行う対外取引について，ドルへの過度の依存からの脱却を図るという観点から見ると，人民元の国際化は着実に成果を上げていると見ることができよう。

## 3．動き始めたデジタル人民元

### 3.1　アリペイなど第三者決済の急速な普及が引き金～金政政策への影響懸念

　中国当局がデジタル人民元の研究を開始したのは2014年である。16年１月に人民銀行が開催したデジタル通貨フォーラムでは，研究を開始した理由として，中国で取引が活発に行われていたビットコインなどの暗号資産が挙げられた。人民銀行は現金発行業務や金融政策への影響を危惧していた[9]。また，デジタル人民元の利点として，金融包摂の観点に加えて，マネーロンダリングや脱税の防止にもなり，人民銀行の通貨供給コントロール力の向上につながるとも指摘している。

　同時に，当時急速に普及し始めていたアリペイやウィーチャットペイなど電

子的な支払い手段である第三者決済の存在も無視できない。

　第三者決済機関は，図表2に示すように多くの銀行に預金口座を有し，利用者はこれら第三者決済機関の口座にぶら下がる形で口座を保有する。第三者決済の利用者が大きく増加すると，現金の利用が減少するだけでなく，利用者間の資金移動の大部分が第三者決済機関のシステム内で終了し，第三者決済機関が銀行に保有する口座からの現金引出しや他の預金口座への資金移動が減少する。その結果，中国政府は銀行システムから得られていた決済情報を得られなくなる。

　従来は，銀行間の通常の資金決済情報はすべて中国人民銀行の決済システムであるCNAPSに集中されていた。人民銀行はその監督下で2002年3月に銀聯カードを設立し，ATMやデビットカードなどを通じた決済情報を集中管理できる体制を整えていた。第三者決済の普及によって，人民銀行が決済情報を取得できない分野が広がってしまったわけである。

　この点を詳しく検討してみよう。図表3は日本の全銀システムと日銀ネットの関係を表している。A，B，Cという3つの銀行に，1から6までの顧客が預金口座を保有している。

　顧客間で銀行をまたいだ送金が一日の間に多数行われる。例えば，銀行Aに口座を持つ顧客1が銀行Bに口座を持つ顧客3に200円の送金を行うと，

**図表2　第三者決済機関の決済方法**

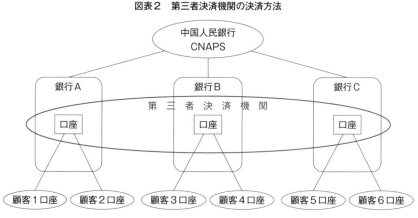

（出所）筆者作成

その情報は即時に全銀システムを通じ銀行 A から銀行 B に伝達される。そして銀行 A の顧客 1 の口座から 200 円が引き落とされ，銀行 B の顧客 3 の口座に 200 円が振り込まれる。しかし，この時点では銀行 A の日銀当座預金口座から銀行 B の日銀当座預金口座への資金の移動は行われない。多数の送金を一件ずつ日銀ネットによって処理するのは高いコストがかかるからである。

　全銀システムにおいてこれらの支払いを一日一回集計し，それぞれの銀行と全銀システムとの間の一件の受払にまとめ，この一件について日銀ネットで処理する。図表 3 では，銀行 A は支払い合計 800 円と受取合計 600 円の差の 200 円を日銀ネットで全銀システムの日銀当座預金口座に振り込み，銀行 C は同様に受払合計の差である 400 円を全銀システムから受け取る。これらの集計作業を清算（クリアリング）と呼ぶ。

　中国ではクリアリング機能についても中国人民銀行の決済システムである CNAPS が担っているが，第三者決済の普及によって第三者決済機関がクリアリング機能を果たすようになった。第三者決済の利用者が増加するほど，第三者決済機関のシステム内部で処理される口座と他の預金口座との資金の受払は少なくて済むこととなるからである。

　第三者決済に付随するサービスとして 2010 年以降，利用者向けの少額融資

図表 3　日銀ネットと全銀システム

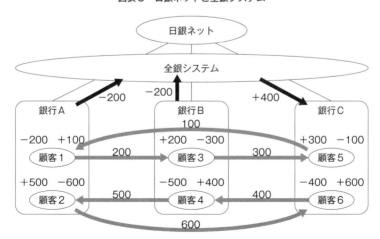

（出所）筆者作成

制度，マネーマーケットファンドの「余額宝」，利用者の信用評価システムである「芝麻（ゴマ）信用」など銀行類似業務が次々と導入された。極端な仮定として1つの第三者決済サービスに中国国内のすべての企業と個人が口座を持ち，すべての支払い決済がそのシステム内部で行われるようになるとすると，第三者決済機関は融資機能を通じて通貨量に影響を与え，独自に貸出や預金金利まで決定できることとなる。ここまで極端な例でなくとも，第三者決済の急速な普及が，人民銀行の金融政策に影響を与える惧れが意識されたものと考えることができる。

その後，少額融資制度については2014年に第三者決済機関が民営銀行を設立して業務を移管し，余額宝については18年に一人当たり運用上限が10万元（約150万円）に引き下げられた[10]。また，人民銀行の監督下で「網聯」が設立され，18年6月以降，すべての第三者決済機関は網聯に決済情報を集中することとされた。さらに18年3月には人民銀行の監督下「バイハンクレジット（通称「信聯」）」が設立され，第三者決済機関の信用評価情報はすべて「信聯」に集中することとなり，2019年1月には第三者決済機関は利用者からの預かり金の100％を準備金として，人民銀行に預けることを義務付けられた。

第三者決済機関が行っていた銀行類似業務については，規制によって抑制し，銀行業務に関連して生ずる決済情報や信用情報について，当局が集中管理できる体制となった。デジタル人民元の導入も，従来の現金決済が第三者決済にシフトしていく中で，決済情報を中央で集中管理することを可能にするものであり，国内における第三者決済の普及による決済情報管理の困難化や金融政策に対する影響への対応という流れの中に位置づけられる。

## 3.2 デジタル人民元の国際的側面～デジタル通貨「リブラ」への対応

2019年6月，米フェイスブックがデジタル通貨「リブラ」構想を発表した[11]。リブラは主要通貨のバスケットを裏付けとし，報道によると通貨構成は米ドル50％，ユーロ18％，日本円14％，英ポンド11％，シンガポールドル7％と公表された[12]。シンガポールドルの為替レートも主要通貨のバスケットに連動しているので，リブラの米ドルのウエイトは事実上50％を超えることになる。フェイスブックは全世界に27億人の利用者を有しており，リブラは

国際間の支払い決済手段として広く利用される可能性がある。

　このリブラ構想に対して，人民銀行の王信研究局長は2019年7月の講演で将来的に貸出を行うようになれば信用創造機能をもつこととなり，各国の金融政策に大きな影響を与えると指摘した[13]。また，リブラはクロスボーダー送金の領域で利用が大きく拡大する可能性があり，事実上，米ドルに連動しているため，リブラの普及は国際通貨システムにおける米ドル支配の強化であるとも述べている。

　前述の通り，中国は中国と海外の間の対外取引の受払通貨をできるだけ人民元にするという意味での人民元の国際化を進めている。「一帯一路」構想の沿線国家などでリブラが普及すると，こうした人民元国際化の進展に対する脅威となる惧れがある。王信局長はリブラへの対応として中央銀行デジタル通貨の発行を挙げており，デジタル人民元の実現が急がれることとなった。リブラ構想については米国を含めた各国政府からも各国の規制監督に服することを求め

**再掲図表4　デジタル人民元を巡る動き**

| 2004年12月 | アリペイ開始 |
|---|---|
| 09年7月 | クロスボーダー人民元決済を許可。人民元の国際化開始 |
| 10年4月 | アリババ少額融資開始 |
| 13年6〜8月 | 余額宝，ウィーチャットペイが相次ぎ開始 |
| 14年 | 人民銀行，デジタル人民元の研究開始 |
| 15年12月 | 「非銀行決済機関オンライン決済業務管理弁法」交付 |
| 17年4月 | 人民銀行が第三者決済機関に対し顧客からの預かり資産の一定比率を準備預金として預入することを要求（当初20%程度） |
| 17年5月 | 余額宝の1人当たり預入額上限を100万元から25万元に下げ |
| 17年8月 | 「聯網」設立 |
| 17年9月 | 中国政府，暗号資産によるICOを禁止し取引所を閉鎖 |
| 18年6月 | 第三者決済機関は「聯網」と接続し決済情報を集中 |
| 18年8月 | 「余額宝」の1人当たり預入額上限を10万元に引下げ |
| 19年1月 | 人民銀行，第三者決済機関に要求する準備預金比率を100%に |
| 19年6月 | フェイスブックがリブラ構想を発表 |
| 20年5月 | 易綱・人民銀行総裁がデジタル人民元の試験運用開始を公表 |

（出所）各種資料に基づき筆者作成

られるなど，批判が強い。フェイスブックのマーク・ザッカーバーグCEO は
2019年10月の米下院議会証言で，「リブラは主にドルによって裏付けられる」
と発言した[14]。そして，20年4月にはドル，ユーロ，英ポンド，シンガポー
ルドルの単独通貨とそれぞれ連動するリブラの発行を優先させる計画が発表さ
れ[15]，同12月にはリブラの名称を「ディエム」に変更すると公表された[16]。

　リブラ構想の発表は，これまで中国が進めてきた人民元の国際化を後退させ
かねない挑戦と受け取られ，この後，デジタル人民元導入の目的は前述の国内
的な観点に加え，リブラなど国際的に使用されるデジタル通貨への対抗という
観点が加わった。以上のようなデジタル人民元とそれに関連する出来事をまと
めると，図表4のようになる。

## 3.3　デジタル人民元関連の最近の動向

　デジタル人民元の詳細についてはいまだ不明であるが，2020年5月，人民
銀行の易綱総裁は「深圳，蘇州，雄安，成都の4都市で試験運用を先行してお
り，将来的に2022年の冬季オリンピック会場において試験運用を行う」と述
べた[17]。また，デジタル人民元の概要について，「二層方式で運営し，現金を
代替するものであり，コントロールされた匿名性を持つ」と述べている。

　二層方式というのは，現金と同じく中央銀行と一般の銀行の二層を通じて，
企業や個人に発行される方式である。コントロールされた匿名性ということは
マネーロンダリングや脱税の疑いがある場合には流通の過程を追跡できるとい
うことであり，デジタル人民元の流通については人民銀行による中央集中管理
が行われ，匿名性を欠くものと考えられる。

　2020年10月12日には，広東省深圳市において5万人に1人当たり200元，
合計1000万元のデジタル人民元を配布し，小売店などで実際に使用する実証
実験が行われた。報道によると，3400軒の商店が参加し，デジタル人民元に
よる支払いを受け取った。この実証実験は10月18日の深夜12時で終了し，
その時点で支払いに使用されなかったデジタル人民元は回収された。深圳市の
発表によると，4万7573人がデジタル人民元を無事受け取り，6万2788件の
支払いが実施され，取引金額は876万4000元に達した。

　続いて，12月11日から江蘇省蘇州市において，10万人に対して1人当たり

200 元，計 2000 万元のデジタル人民元を配布し，実証実験が行われた。12 月
11 日の午後 8 時から 12 月 27 日の深夜 12 時までが配布されたデジタル人民元
の使用期限とされ，未使用分は回収された。蘇州では商店での使用に加えて，
インターネット販売サイトでの使用や，インターネット環境がない状況でスマ
ホ間でデジタル人民元を移転させる方式などについての試験も実施された。

## 3.4　紙幣は存続，第三者決済とは共存か

　易綱総裁のほかにも，ここに来て，人民銀行関係者の発言などが相次いでい
る。まず 2020 年 9 月 14 日に，人民銀行の範一飛・副総裁が新聞にデジタル人
民元に関する文章を寄稿した[18]。そこでは，デジタル人民元は現金と同じく中
央銀行による中央管理を行うとされている。

　中央管理のために人民銀行は，①デジタル人民元の技術標準，セキュリティ
ルールなどを制定する②決済流通情報を中央で把握する③指定運営機関と協力
してデジタルウォレット（電子財布）について，統一した技術体系と偽造防止
システムを装備するという前提の下で各機関別の機能の特色を実現する④デジ
タル人民元発行のインフラを構築し，運営機関間の連携を実現し，流通の安定
を確保する――という。

　デジタル人民元については現金と同様，流通費用を徴収しない方針も示し
た。指定運営機関については，有力な商業銀行を指定し，その他の銀行や関係
機関との協力方法の検討を進めることとされた。

　2020 年 10 月 25 日には，人民銀行デジタル通貨研究所の穆長春所長が講演
を行った[19]。そこでは，紙幣を強制的に回収してデジタル人民元に置き換える
ということは行わないという方針が示された。紙幣に対する需要がある限り紙
幣の発行は続け，デジタル人民元と紙幣は長期にわたって併存するという。

　穆所長は第三者決済との関係にも言及している。第三者決済は金融インフラ
であり，ウォレットにあたる。一方で，デジタル人民元は支払い手段であり，
ウォレットの中身であって，これら 2 つは異なる次元の存在である。現在，第
三者決済のウォレットの中身は電子化された銀行預金であるが，デジタル人民
元が発行された後は，デジタル人民元もウォレットの中身に加わる。したがっ
て，デジタル人民元と第三者決済は共存することができる，としている。

　デジタル人民元に対しては，中央銀行が中央管理を行い，100％準備を保証し，発行総額を管理する。商業銀行が公衆との間でデジタル人民元との交換業務を担当し，流通サービスについては銀行や第三者決済機関が責任を負うと述べられた。

　2020年11月27日には，人民銀行の前総裁で中国金融学会の周小川会長が，デジタル人民元について講演した[20]。

　周会長は，デジタル人民元の第一層が中央銀行であり，中央銀行はデジタル人民元の決済インフラを提供し，第二層である銀行が提供する支払い手段の間の相互互換性を保証するなどの責任を有する，と指摘した。一方，第二層の商業銀行が顧客管理やアンチマネーロンダリング，データ保護，流通システムの運行管理などの責任を負うとされた。

　周会長は，このような発行方式を例えるものとして，香港の紙幣発行方式を挙げている。香港では香港上海銀行，スタンダードチャータード銀行，中国銀行の3行がそれぞれの香港ドル紙幣を発行しており，7.8香港ドルに対して1米ドルを香港金融管理に引き渡している。発行された紙幣は，これら3行のバランスシートの負債に計上される。また，周会長はデジタル人民元をクロスボーダーの決済に使用する場合は相手国の通貨制度や通貨主権に十分配慮する必要があるということも述べている。

　以上の人民銀行関係者の一連の発言からデジタル人民元についてこれまでに判明していることをまとめると，まず，人民銀行が技術水準の標準化を行い，異なる銀行のデジタルウォレット間の流通を保証し，決済情報を集中するなど中央管理を行うことが挙げられる。次に，デジタル人民元の発行は，第二層のいくつかの有力な商業銀行が指定運営機関として司り，顧客に対して直接引き渡し，顧客情報などの管理を行う業務はすべての銀行が行う。第三者決済や紙幣はデジタル人民元と今後も共存することが想定されている。また，海外との間の資金の受払にデジタル人民元を利用することも想定されている。

# 4. 人民元国際化の現状

## 4.1 世界の為替取引におけるシェアは依然低い

　冒頭で述べた通り，中国と海外との間での取引の受払通貨として人民元の比率を上昇させるという意味での人民元国際化は，2009 年以来，着実に進展してきている。一方で，全世界の為替売買取引に占める人民元の比率は，直近の 2019 年 4 月の統計で見ると，売買双方の通貨を計上して合計 200％の中で 4.3％にすぎず，第 3 位の円の 16.8％，第 4 位の英ポンドの 12.8％に比して小さく，第 8 位にとどまっている（図表 5）。

　人民元は 2016 年 10 月から国際通貨基金（IMF）の特別引き出し権（SDR）の構成通貨となり，各国の公的外貨準備通貨の適格通貨と認められた。SDR におけるウエイトは米ドル 41.73％，ユーロ 30.93％，人民元 10.92％，円 8.33％，英ポンド 8.09％である。IMF の統計によって 2020 年 6 月末の世界各国の公的外貨準備に占める通貨別の比率をみると，米ドル 61.2％，ユーロ

図表 5　通貨別でみた外国為替売買取引高（各年 4 月の 1 日平均取引高）

| | 2010 年 4 月 | | 2013 年 4 月 | | 2016 年 4 月 | | 2019 年 4 月 | |
|---|---|---|---|---|---|---|---|---|
| | シェア | 順位 | シェア | 順位 | シェア | 順位 | シェア | 順位 |
| 米ドル | 84.9% | 1 | 87.0% | 1 | 87.6% | 1 | 88.3% | 1 |
| ユーロ | 39.1 | 2 | 33.4 | 2 | 31.4 | 2 | 32.3 | 2 |
| 日本円 | 19.0 | 3 | 23.1 | 3 | 21.6 | 3 | 16.8 | 3 |
| 英ポンド | 12.9 | 4 | 11.8 | 4 | 12.8 | 4 | 12.8 | 4 |
| 豪ドル | 7.6 | 5 | 8.6 | 5 | 6.9 | 5 | 6.8 | 5 |
| カナダドル | 5.3 | 7 | 4.6 | 7 | 5.1 | 6 | 5.0 | 6 |
| スイスフラン | 6.3 | 6 | 5.2 | 6 | 4.8 | 7 | 5.0 | 7 |
| 中国人民元 | 0.9 | 17 | 2.2 | 9 | 4.0 | 8 | 4.3 | 8 |
| 香港ドル | 2.4 | 8 | 1.4 | 13 | 1.7 | 13 | 3.5 | 9 |
| NZ ドル | 1.6 | 10 | 2.0 | 10 | 2.1 | 10 | 2.1 | 10 |
| 合計 | 200% | | 200% | | 200% | | 200% | |
| 合計取引高（10 億ドル） | 3,973 | | 5,357 | | 5,066 | | 6,590 | |

（出所）BIS

20.3％，円 5.8％，英ポンド 4.5％に対し，人民元は 2.1％にとどまっており，第 5 位という位置にある。

　これらの数値は国内総生産（GDP）の規模が世界第 2 位で，世界最大の輸出入額を有する中国の数字としては，かなり低く，国際的に広く使用される通貨という意味での人民元の国際化は充分に進展しているとは言えない。

## 4.2　資本取引の厳格な制限が足かせ

　世界における，ある通貨の外国為替売買取引高がその通貨発行国の貿易取引額（輸出入合計）の何倍にあたるかを見ると，円などの国際的に広範に取引される通貨については 200 倍近くか，あるいはそれ以上の倍率となっている（図表 6）。経常取引全体が貿易取引額より多少大きいことを勘案しても，為替取引のほとんどが経常取引ではなく，資本取引を原因として行われていることが分かる。

　これに対して，中国の倍率は 15 倍と依然として非常に低い倍率となっている。これは資本取引が厳格に規制されていることが原因と考えられる。中国の資本取引規制は前述した通り，徐々に緩和されてきているが，特に短期の資本取引については依然として厳しく規制されている。

　例えば銀行の為替ポジション規制や為替フォワード取引の実需原則が存在する[21]。中国と海外との取引については人民元の国際化は着実に進展しているが，人民元が国際的により広範に取引される通貨となるためには，売買や貸借取引によって海外において自由に人民元を入手できることが必要である。

図表 6　貿易額に対する為替売買取引高の倍率

|  | 2007 年 4 月 | 2010 年 4 月 | 2013 年 4 月 | 2016 年 4 月 | 2019 年 4 月 |
|---|---|---|---|---|---|
| 米ドル | 195 倍 | 240 倍 | 236 倍 | 225 倍 | 343 倍 |
| 日本円 | 104 倍 | 145 倍 | 161 倍 | 186 倍 | 188 倍 |
| 人民元 | 2 倍 | 4 倍 | 7 倍 | 11 倍 | 15 倍 |

　（出所）BIS，UNCTAD

# 5．デジタル人民元の今後の展望

## 5.1　国際的に利用される可能性はなお低い

　2020年10月26日から29日まで開催された共産党第19期中央委員会第5回全体会議（5中全会）において，第14次5カ年計画（2021〜25年）と35年までの長期目標の草案を採択した。第14次5カ年計画はデジタル人民元について「研究開発を穏当に推し進める」としており[22]，25年までにデジタル人民元の研究と開発が進められる方針が示された。

　今後，デジタル人民元が本格的に導入された場合，現金を代替するものなので，決済手数料は無料になる可能性が高い。第三者決済は日本と比べると大幅に安価とはいえ，加盟店手数料が存在するので，デジタル人民元によって影響を受ける可能性がある。

　しかし，第三者決済は資産運用，少額融資，保険などの金融サービスやシェアリングエコノミー，店舗での予約や注文など様々なサービスと結びついており，これらを政府が代替するのは難しい。前述した人民銀行デジタル通貨研究所の穆長春所長の講演でも，第三者決済はウォレットであり，デジタル人民元はウォレットの中身であると述べられている。デジタル人民元が第三者決済のアプリで使用されるという形で，当面，デジタル人民元と第三者決済が共存するという状況が続くものと考えられる。

　一方，利便性の高いデジタル人民元の導入によって，「一帯一路」構想の沿線国家などと中国との間の人民元建て決済比率が一層上昇したり，リブラなど他のデジタル通貨の普及を抑制する効果が期待できる。

　しかし，デジタル人民元には匿名性が欠けており，海外の国家と中国との間での支払いや海外間での支払いについても，中国政府に決済情報が把握される惧れがある。また，海外でデジタル人民元が普及するためには，中国国内からデジタル人民元を簡便に調達できることが重要である。前述の通り，中国は資本取引規制を徐々に緩和しているが，最も重要な短期の資本取引についてはいまだに厳しく規制している。したがって，当面はデジタル人民元が国際的に広範に使用される可能性は低いものと思われる。

## 5.2　銀行保護がもたらす資本取引自由化の限界

　資本取引が規制されているのは，中国国内の預金や貸出金利がいまだに比較的低位に規制されていることが理由である。

　各期間の満期の金利が人為的に低位に規制されていると，資金市場の需要と供給がバランスしない。したがって，数量を規制することが必要となり，人民銀行は窓口規制によって貸出量をコントロールしている。このような金融政策の状況で資本移動を自由化すると，貸出量に対するコントロールが失われ，金融政策の有効性が低下する。

　預金・貸出金利双方が規制されているのは銀行の利ザヤを確保するためでもある。中国の大部分の銀行は中央政府や公的部門が資本の過半を保有しており，中央政府や地方政府の意向が貸出行動に反映されやすく，不良債権が増加しやすい経営体制となっている。増加する不良債権を処理するためには銀行の利益を確保する必要がある。

　このように考えると，銀行の経営改革を進め，金利自由化を実現することができなければ，資本取引を完全に自由化することは難しい。特に短期資本取引の自由化は困難である。短期資本取引の自由化に行きつくプロセスを進めるには，いましばらく時間を要するとみられる。

　デジタル人民元は，当初，暗号資産や第三者決済などの普及によって現金が減少し，人民銀行の決済情報管理や金融政策への影響を与えることなどの問題への対応として研究が開始された。その後，リブラ構想の登場が人民元国際化への脅威ととらえられ，デジタル人民元実現が急がれることとなった。

　人民元の国際化との関係を見ると，デジタル人民元の導入によって，リブラなどの攻勢に対抗し，中国が他国との間で行う対外取引について人民元の利用を増やすという観点での人民元の国際化は，今後も着実に進展するものと考えられる。しかし，国際的に広範に使用されるという意味でデジタル人民元が爆発的に普及する可能性は低く，そういう意味での人民元の国際化を推進する効果は限定的なものにとどまると考えるべきであろう。

[注]
1　人民元国際化の経緯の詳細については露口（2012），露口（2017）を参照。

2　中国人民銀行（2009）。
3　人民元のクロスボーダー決済に関する規制の緩和，整備の経緯については露口（2017）を参照。
4　国家外貨管理局（2012）。
5　中国人民銀行（2012）。
6　中国人民銀行（2013）。
7　中国人民銀行（2020b）。
8　"RMB Tracker" SWIFT, December, 2020.
9　中国人民銀行（2016）。なお，暗号資産については，2017年9月に暗号資産による資金調達「ICO（＝イニシャル・コイン・オファリング）」が禁じられたほか，取引所取引も禁止されるなど，中国国内の取引は厳しく制限されるようになった。
10　その後，2019年4月10日からこの限度額は撤廃されている。
11　"Introducing Libra" June 18, 2019. https://www.diem.com/en-us/updates/introducing-libra/
12　"Facebook Reveals Libra Crypto's Currency Basket Breakdown" Sep 23, 2019. https://www.coindesk.com/facebook-reveals-libra-cryptos-currency-basket-breakdown-report
13　「央行王信：国务院已批准央行数字货币的研发」http://finance.sina.com.cn/blockchain/roll/2019-07-09/doc-ihytcitm0707824.shtml
14　"Mark Zuckerberg Testimony Transcript" Oct 23, 2019. https://www.rev.com/blog/transcripts/mark-zuckerberg-testimony-transcript-zuckerberg-testifies-on-facebook-cryptocurrency-libra
15　"Libra developers: The path forward" April 16, 2020. https://www.diem.com/en-us/blog/libra-developers-the-path-forward/
16　"Announcing the name Diem" December 1, 2020. https://www.diem.com/en-us/updates/diem-association/
17　中国人民銀行（2020a）。
18　「范一飞：关于数字人民币M0定位的政策含义分析」http://blockchain.people.com.cn/n1/2020/0915/c417685-31862262.html
19　「穆长春：数字人民币发行不靠行政强制，老百姓兑换多少发多少」https://finance.ifeng.com/c/80rNmdykcq0
20　「关于央行数字货币，这是周小川迄今最深入的一次公开解读」https://www.thepaper.cn/newsDetail_forward_10221474
21　日本では，1984年4月に為替フォワード取引にかかる実需原則が廃止され，同年6月には銀行の為替ポジション規制である円転規制が撤廃された。これによって，短期資本取引は事実上自由になった。
22　"中国共产党第十九届中央委员会第五次全体会议公报" http://news.ifeng.com/c/80y4tCbqmHo

**［参考文献］**
国家外貨管理局（2012）「关于货物贸易外汇管理制度改革的公告」国家外汇管理局公告2012年第1号，2012年6月27日。
中国人民銀行（2009）「中国人民银行有关负责人就《跨境贸易人民币结算试点管理办法》有关问题答记者问」2009年7月2日
中国人民銀行（2012）「关于出口货物贸易人民币结算企业管理有关问题的通知」银发［2012］23号，2012年2月3日。
中国人民銀行（2013）「关于简化跨境人民币业务流程和完善有关政策的通知」银发［2013］168号，2013年7月5日。

中国人民銀行（2016）「中国人民銀行数字货币研讨会在京召开」2016 年 1 月 20 日。

中国人民銀行（2020a）「中国人民銀行行长易纲在两会期间就金融保市场等问题接受金融时报中国金融記者采访」2020 年 5 月 26 日。

中国人民銀行（2020b）「2020 年人民币国际化报告」2020 年 8 月 17 日。

露口洋介（2012）「中国人民元の国際化と中国の対外通貨戦略」『国際金融』第 1234 号，2012 年 3 月 1 日。

露口洋介（2017）「人民元の国際化」梶田幸雄・江原則由・露口洋介・江利紅『中国対外経済戦略のリアリティー』麗澤大学出版会，2017 年 3 月 1 日。

露口洋介（2019）「中国人民元の国際化と東京市場の活性化」『経済学論纂』第 59 巻第 3・4 合併号，中央大学経済学研究会，2019 年 1 月 15 日。

# 第7章

# ポスト・コロナの中国自動車産業
## ──EV で再建急ぐ～日本企業も本腰を

上海工程技術大学客員教授, みずほ銀行法人推進部主任研究員
### 湯　進

## ◉ポイント

▶新型コロナウイルスの感染拡大により, 中国の 2020 年の新車市場は前年比 1.9% 減と 3 年連続のマイナス成長となった。主要国に比べ落ち込み幅は小さかったが, 同年の 1000 人当たりの自動車保有台数は 200 台(日本の 3 分の 1 程度)という水準で, 依然として自動車普及の途上にある。

▶中国の自動車業界は生産能力の過剰やメーカー乱立, 基幹部品開発の遅れなどの課題を抱えている。地場メーカーはガソリン車で日米をキャッチアップすることは難しく, 今後は外資系メーカーの攻勢により厳しい競争にさらされ, 業界再編の波が確実に押し寄せる。政府は石油依存からの脱却や環境対策の観点からも, 産業政策の舵を電気自動車(EV)シフトへと大きく切っている。

▶中国の次世代自動車戦略には, 新たな競争に持ち込むことで優位を勝ち取ろうという意図がある。日系企業は, 中国で省エネ車を戦略の主軸に据えながら, EV・スマートカー市場の開拓に本腰を入れる必要がある。

## ◉注目データ ☞ 2035 年の中国の新車市場予測

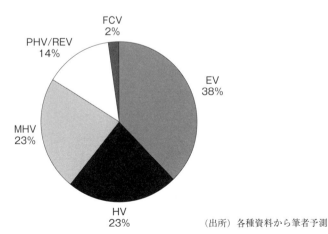

(出所) 各種資料から筆者予測

## 1．はじめに

　新型コロナウイルス（以下，新型コロナ）の感染拡大を受け，2020 年の中国の国内総生産（GDP）の伸び率は大きく減速し，44 年ぶりの低水準に陥った。製造業を支える自動車産業も年前半は深刻な影響を受け，世界最大規模の新車市場は 3 年連続のマイナス成長となった。こうした経済環境・市場需要の変化は，来るべき自動車業界の再編を予感させる。

　中国は国策として新エネルギー車（NEV：New Energy Vehicle の略称，以下は「新エネ車」）の発展を推進し，次世代自動車技術での優位性を確立することにより，「自動車強国戦略」を実現しようとしている。新エネ車の範疇は，電気自動車（EV），プラグインハイブリッド車（PHV），水素自動車（FCV）であり，日本企業が得意とするハイブリッド車（HV）が除外された。

　また「省エネ・新エネルギー車技術ロードマップ」（中国工程技術学会）において，2035 年をめどに新車販売のすべてを環境対応するエコカーにする方針が示され，「新エネ車産業長期発展計画（21 ～ 35 年）」（工業情報化省）には EV を中心とする新エネ車シフトの中長期的発展方針が示されている。その背景には，中国では生産規模の拡大がイノベーションの創出に結びつかず，地場メーカーの技術キャッチアップや完成車の海外輸出も遅々として進まないとの反省があり，今後は内燃機関が不要な新エネ車の発展に期待せざるを得ない状況となっている。

　2020 年の日本車の中国販売台数は 2 年連続での 500 万台を超え，過去最高を更新した。日中関係が「正常化」と言えるレベルにまで関係改善した中，日系の自動車メーカーは中国を最重要市場に位置づけ，自動車生産能力増強に取り組み，これに追随するサプライヤーも中国戦略の策定を急ぐ。中国の新車市場は 20 年の夏以降は新型コロナの影響から回復しており，日系各社から大きな期待が寄せられている。

　一方，EV シフトを起点とする中国の「自動車強国戦略」には，競争軸を日本企業に有利な分野からズラして自動車産業を再建し，企業競争力を構築しようという意図がある。中国の EV シフトの実態を正確に把握しつついかに中国

戦略を練るかが，各社の課題となっている。そこで，本章では，まずポスト・コロナの中国自動車産業の実態を分析し，市場需要の変化および企業再編の動きを分析する。次に，中国の EV シフトを概観し，その現状と課題を検討する。そして，日系自動車メーカーの中国事業の現状と今後のビジネスのあり方を展望する。

## ２．ポスト・コロナの自動車市場〜大変革の機運高まる

　中国の自動車産業は 2020 年，生産台数と販売台数の両面で 12 年連続世界 1 位となり，リーディング産業として内需の拡大に大きく貢献した。新型コロナの影響で，新車販売台数は 3 年連続の前年割れとはなったが，21 年は 4 年振りのプラス成長が期待される。ポスト・コロナの自動車市場は販売台数の拡大とともに，消費志向の変化によりメーカー間の競争が一層激しくなり，業界再編が一段と加速すると予測する。

### 2.1　調整期から再び拡大へ
　中国では，国民所得の増加を受け，マイカーブームが広がっている。過去の新車販売台数の推移を振り返ると，2009 年に 1364 万台となり，米国を抜き世界 1 位に躍り出た。さらに 8 年後の 17 年には倍増の 2878 万台を記録した（図表 1）。
　しかし，2017 年に終了した小型車減税策は，小型車販売増に寄与したものの，政策による消費喚起は両刃の剣であり，需要の前倒しは 18 年以降の新車販売に影響を与えた。また，米中貿易摩擦による消費マインドの悪化も加わり，19 年の新車販売台数は前年比 8％減の 2576 万台に，20 年は新型コロナによるディーラーの操業遅れや消費者外出の控えなどの影響を受け同 1.9％減の 2531 万台となった。夏以降からは販売台数が増加傾向にあるものの，通年では 3 年連続の前年実績割れだった。
　2018〜20 年の減速は一過性の調整に過ぎないとの見方がある一方，高度成長期はすでに終焉を迎えたとの指摘もある。中国市場の見通しについては，マクロデータだけでは解釈できないことも多く，筆者は中国のポテンシャルは依

図表 1　中国の新車販売台数の推移

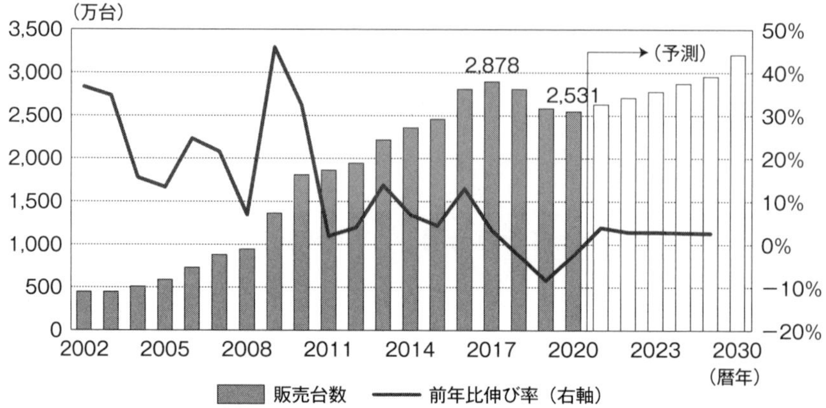

（出所）中国汽車工業協会の統計などから筆者作成。21 年以降は同協会推計

　然として高いとみている。

　モータリゼーションの進展に伴い，中国の自動車保有総台数は 2020 年末に 2 億 8000 万台に達し，主要 31 都市の自動車保有台数は 200 万台を超えた。200 万台とは東京 23 区の保有台数に相当する規模だ。ただし，マイカーの保有台数（約 2 億 2000 万台）は運転免許保有者数（4 億 1800 万人）の半分程度にとどまっており，そこから類推すると新車需要の潜在的なユーザーは少なくとも，なお 1 億人程度は存在すると考えられる[1]。また，2020 年の 1000 人当たり自動車保有台数をみると，日本は 620 台で安定的であるのに対し，中国はまだ 200 台に過ぎず，依然として自動車普及の途上にある。

　その一方，道路の交通容量や駐車場の不足が顕在化し，大都市圏での渋滞が大きな問題となっている。北京や上海などの 8 都市・地域がナンバープレートの発行規制を導入し渋滞緩和を図っており，都市部の多くの人は自由に自動車を購入することができない。このように，沿海部大都市と内陸都市の国民所得から見た地域発展のアンバランスや貧富格差の拡大等，新車消費を抑制する要因は少なくない。しかし，中長期的には新車市場は拡大していくと思われ，2021 年に 2600 万台超，25 年には 3000 万台規模まで成長は可能であろう。

## 2.2　消費志向の変化と地場メーカーの苦戦

ポスト・コロナの中国では，人々の足となるクルマの需要が高まっている一方で，消費志向も変化しており，予算に合わせてブランド・機能・口コミなどによって購入車種を真剣に検討する消費者が増えている。

2020年に好調だったのが高級車だ。20年の高級車ブランドの販売台数は前年比8％増の330万台で，乗用車市場全体の14％を占めるようになった。特に30万元（約470万円）以上の車種は好調で，その販売台数は同15％増の185万台に達した。中国における中間所得層や富裕層の増加に伴い，クルマの機能やブランドにこだわる傾向が強まり，新車需要も廉価車から中高級車へとシフトしつつあるのだ。

中国では長い間，外資系メーカーは中高級車，地場メーカーは低価格車とすみ分けが続いてきた。技術力や製品力が評価される外資系メーカーは，買い替えニーズに対応しているのに対し，地場系メーカーは主に初めて車を購入するファーストカー需要をターゲットとしている。

2020年は新型コロナの影響による消費マインドの低下により，ファーストカー需要が多い内陸部や中小都市における新車販売の低迷が続き，地場メーカーの乗用車販売台数も前年比10％減，市場シェアは17年の43.9％から38.4％へと低下してしまった（図表2）。

**図表2　地場ブランド乗用車の販売台数・シェア**

（出所）中国汽車工業協会の統計などから筆者作成

　低価格車の収益率が低下傾向にある中で，地場メーカーはこうした状況を打開するため，相次いで高級車を投入して，外資系メーカーが寡占する市場に風穴を空けようと努力している。

　例えば，長城汽車や吉利汽車など外資系と真正面から競争する能力を備えたメーカーは，研究開発力とブランド力の向上による独自性や差別化を追求しようとしている。実際に，長城汽車の「WEY シリーズ」や吉利汽車の「LYNK&CO」といった高級車ブランドはコストパフォーマンスが良く，若年層の人気を集めている。国有大手の第一汽車（一汽）による高級車ブランド「紅旗」も，販売台数が2017年の4700台から20年には20万台へと大きく躍進した。

　地場メーカーはブランド力では外資系に太刀打ちできないため，「中国人の手の届く高級車」を掲げ，コストパフォーマンス戦略で市場シェアの拡大を目指している。ただ，一汽の「紅旗」を除くと，国有大手は有力な自主ブランドの確立が容易に実現できず，このため販売台数全体に占める合弁先の外資系ブランドの割合の方が依然として高い。

　他方，外資系メーカーは生産能力の拡張や現地調達の拡大によって一層のコスト削減を進めながら，逆に低価格車市場を開拓する姿勢を示している。地場メーカーは得意分野でも外資との競争に直面しているわけで，活路を切り開くため，彼らのEV戦略が一層注目される状況となっている。

## 2.3　業界を襲う淘汰の巨大な波

　中国の自動車業界には以前からメーカー乱立の問題が存在し，政府は業界の「ゾンビ企業」を取り上げ，統廃合を進めてきた。それにもかかわらず，2019年末時点で乗用車メーカー128社のうち36社は生産停止の状態で，67社の稼働率は60％以下とされる。業界全体の乗用車生産能力は約4000万台となり，同年の需要比で4割程度が過剰と推算される。また，自動車の輸出台数は20年で105万6000台にとどまり[2]，輸出で生産能力の過剰を解消するのも難しい。

　生産能力の過剰は地場メーカーの成長の足枷であり，新型コロナの影響を受け資金繰りが悪化する企業も増加しており，今後は業界再編が急速に進むとみ

られている。

　実際，民族系中堅メーカーの間ではブランド力と製品力のもろさが露呈し，経営危機に追い込まれる企業が相次いでいる。衆泰汽車は親会社の鉄牛集団が破綻したため資金繰りに苦しみ，傘下の EV 子会社がすでに生産停止となっている。同社に対し，中国大手電池メーカーの比克電池は売掛金回収遅延を理由に訴訟を起こした。

　また，自社工場を売却した力帆汽車は 2019 年に 49 億 8000 万元の赤字を出した。20 年の新車販売台数は前年比 91％減の 2411 台にとどまり，債務リスクに直面した同社は日本の会社更生，民事再生に当たる「重整」手続きの適用を申請したと発表した。このほか，不動産事業を売却した海馬汽車は依然，上場廃止のリスクを抱えているほか，青年蓮花汽車は業績悪化により 19 年に破産した。

　こうしたメーカーの轍を踏まないよう，地方政府傘下の国有企業は管轄する行政区域の枠を超えた合従連衡を進め，転換期の自動車市場において足場を固めようとしている。2019 年 12 月には，中国最大手の上海汽車（上海市）と 5 位の広州汽車（広州市）が技術開発や市場開拓等の分野での事業提携を結び，開発などにかかるコストの削減を図ろうとしている。奇瑞汽車（安徽省蕪湖市）は山東省青島市政府系ファンドの青島五道口の出資を迎え入れたほか，長安汽車（重慶市）の子会社，長安新能源も地方政府系ファンド 4 社からの出資を受け入れた。

　ただ，新型コロナの影響から，一部の国有企業も既に財務危機を抱えている。独 BMW との乗用車合弁企業「華晨 BMW」やルノーと小型商用車の合弁企業「ルノー金杯」を展開する華晨汽車集団は 2020 年に 10 億元規模の社債を償還できず，債務不履行に陥った。新車販売台数第 9 位の大型国有企業の社債がデフォルトに追い込まれるのは異例だ。20 年 11 月には同社の破産，再建に向けた手続きが正式に始まった。

## 2.4　一汽など国有大手 3 社の動きと統合の行方

　中国では，外資企業の自動車生産を合弁形態でのみ可能とさせるなどの制限があり，こうした産業保護政策が国際社会から批判を浴びている。これに対し

て，中国政府は大胆な市場開放政策を打ち出した。新エネ車市場（2018年）と商用車市場（20年）の開放に続き，乗用車市場における外資出資制限および合弁相手を2社までとする規制を22年に撤廃する。これにより中国の自動車市場は全面的に外資に開放されることになり，地場や国有メーカーの再編・統合も加速すると予測される。

　国有大手については，2015年頃から一汽，東風，長安の3社統合の実現に向けたトップの入れ替えや事業提携の動きが始まっていた。最近の事業分野の提携などの経緯から，自動車市場の全面開放に備えるだけでなく，3社統合で誕生する巨大メーカーが業界で果たす役割の重要性に対する認識も高まっている。

　2019年3月，一汽など3社は電子商取引（EC）最大手のアリババ集団や騰訊控股（テンセント），家電販売店大手の蘇寧易購集団など11社と組んで，江蘇省南京市でモビリティプラットフォーム「T3出行」を開設し，大手IT企業や小売企業のネットワークとビッグデータを活用するモビリティサービスを全国で展開している。さらに20年1月，3社は共同で南京市に「T3科技」（現在の中汽創智科技）を設立し，「EVプラットフォームとシャーシ制御」「水素燃料パワートレイン」「スマートカー」の3大分野において共同で技術開発を急いでいる。また，一汽は20年4月，南京市に子会社「一汽（南京）科技開発」を設け，人工知能（AI）やスマートカー関連製品の開発・生産など，自動運転分野の強化を図ろうとしている。

　「T3出行」「T3科技」「一汽（南京）」のトップが揃って一汽出身者であることから，一汽が東風，長安との再編を主導する可能性が高いと見られる。AIとEVを融合する製品・技術の開発により，次世代自動車・モビリティサービス市場で競争優位を構築しようとする3社の方向性が伺える。

　再編の中核となりそうな一汽は，株式上場を目指し体力強化を急いでいる。2018年末，紅旗の新たな技術戦略「R.Flag」を打ち出した。コネクテッドカーやEV，ユーザー体験（UX），モビリティサービスの4分野に力を入れる方針を示し，紅旗ブランドの販売台数を25年に30万台，35年には50万台へと押し上げる目標を掲げた。

　製品戦略を推進する一方で，グループ企業の再編にも取り組んでいる。同社

のグループには乗用車事業を展開する上場子会社の「一汽轎車」と「天津一汽夏利」，商用車事業を展開する「一汽解放」が存在している。乗用車2社が苦戦しているのに対し，「一汽解放」は20年に4年連続での国内大型トラック市場首位を維持し，グループの優良資産である。再編では「一汽轎車」が，商用車事業については「一汽解放」の全株式を取得。乗用車事業では奔騰ブランドを一汽本社に移管し，紅旗ブランドと同様に一汽本体の直轄となった。これにより「一汽轎車」は商用車専業メーカーとなった。

　グループ内で競合関係を持つ乗用車上場企業2社の存在は，一汽本体の上場の障壁となっていた。子会社の資産再編を実現したことにより，一汽は本体の上場に向けて一歩を踏み出した。一汽が上場できれば，中央政府が直轄する大手国有自動車グループ3社がともに上場企業となり，3社統合の機運も一層高まるとみられる。

　自動車市場の開放にタイムリミッドが設けられた今，中国政府は一汽などの3社統合に舵を切るのは，外資系メーカーに対抗するためには必然であろう。具体的には3社を統括する持ち株会社を設立し，既存のガソリン車工場や自主ブランドの統廃合を行うことが予想される。

## 3．急速に進む新エネ車シフト

　中国は「自動車大国」の地位を固めているものの，部品技術の遅れや研究開発力の未発達などの課題を抱えているため，日米欧に追い付くには依然遠い道のりがある。しかし，EVなら日米欧企業とも差がなく，同じスタートラインに立てると，政府は考えている。また，中国の石油輸入依存度は2020年に73％と高水準にあることから，エネルギー安全保障上もこれ以上，ガソリン車は増やせないし，深刻化する大気汚染の対策も進めていかなければならない。それゆえ，政府はEVシフトに舵を切ったのである。

### 3.1　政府主導の新エネ車普及計画

　2017年4月に発表された「自動車産業中長期発展計画」では，裾野・部品分野を含めた産業チェーンの発展やコア技術の獲得，中国ブランドの育成など

の 6 指標を提示し，世界の自動車業界および部品業界のトップ 10 に入るような企業を数社育成して，25 年には世界の自動車強国の仲間入りを果たすことを目標に掲げた。そうした目標実現のため，中国政府はその前提となる新エネ車市場の形成に向けた，需要サイドと供給サイドの政策を同時に推進してきた。

　需要サイドの政策には，2013 年に始めた新エネ車補助金制度がある。国の補助金制度に合わせ，各地方都市の政府がメーカーに対し補助金を別途支給する形で新エネ車の販売支援を行った。中央政府と地方政府が支給した補助金は市場育成の起爆剤となり，累計額は過去 7 年間で約 5 兆円にも上った。

　補助金制度と並行する形で，規制の対象外となる新エネ車専用のナンバープレートの配給や購入税（購入価格の 10％相当）の免除，充電スタンドの整備に伴う補助金制度の実施などの喚起策も推進されている。需要の喚起による車両の量産が実現できれば，車両価格の低減が見込まれ，新エネ車市場の形成にもつながるのである。

　供給サイドの政策では，政府が 2018 年 4 月に CAFC（平均燃費消費）規制と新エネ車規制の「ダブルクレジット政策」を実施。罰則付きの燃費低減および完成車メーカーのエコカー生産を促そうとした。

　CAFC 規制においては，ガソリン消費 1 リットル当たりの平均走行距離を 2018 年に 16 キロメートルのところを 20 年には 20 キロメートル，25 年には 25 キロメートルに引き上げることで，乗用車メーカーに省エネ技術・製品の高度化を要求する。目標未達成分は不足燃費クレジットとして計算され，乗用車メーカーは関連企業（25％以上の資本関係）からの余剰燃費クレジットの譲渡や，自社の新エネ車クレジットの利用で賄うか，さもなければ他社からの同クレジットの購入で埋めるしかないと見られる。

　新エネ車規制は中国政府が 2019 年から始め，生産・輸入台数の 10％相当分を「新エネ車クレジット」として計算し，罰則付きで乗用車メーカーの新エネ車シフトを推進する規制である。

　2020 年 6 月に発表された修正版の「ダブルクレジット政策」では，乗用車生産・輸入台数に占める同クレジットの比率を 20 年の 12％から 21〜23 年に毎年 2％ずつ増やす。また，燃費性能が CAFC 規制をクリアできる内燃機関

車は「低燃費車」と定義され，それに対する同クレジット算出を優遇するとしている。

　乗用車メーカーにすれば，燃費規制への対応の遅れが新エネ車の生産負担を増長させることがあり，今後補助金支給制度に代わり，クレジットの売買益が乗用車メーカーの省エネ対応，新エネ車シフトを促すインセンティブになると思われる。

　需要・供給の両面に渡る政策に突き動かされる形で，地場メーカーは相次いで新エネ車の生産に乗り出している。バス・商用車を含む中国の新エネ車の販売台数は2012年の1万2000台から20年には136万台へと急速に伸び，世界全体の約4割を占める規模にまで増加した。新車販売全体に占める新エネ車の割合は14年の0.3％から20年には5.4％に上昇した。

　国内での需要増が比亜迪（BYD）や上海汽車など中国企業を，国際的にみ

**図表3　世界の新エネ車（乗用車）販売の上位ブランド**

| 順位 | 2019年 ブランド名 | 販売台数 | 2020年 ブランド名 | 販売台数 |
|---|---|---|---|---|
| 1 | テスラ（米） | 367,820 | テスラ（米） | 499,535 |
| 2 | BYD（中） | 229,506 | VW（独） | 220,220 |
| 3 | 北京汽車（中） | 160,251 | BYD（中） | 179,211 |
| 4 | 上海汽車（中） | 137,666 | 上海GM五菱（中） | 170,825 |
| 5 | BMW（独） | 128,883 | BMW（独） | 163,521 |
| 6 | VW（独） | 84,199 | Mercedes（独） | 145,865 |
| 7 | 日産（日） | 80,545 | Renault（仏） | 124,451 |
| 8 | 吉利汽車（中） | 75,869 | Volvo（スウェーデン） | 112,993 |
| 9 | 現代（韓） | 72,959 | Audi（独） | 108,367 |
| 10 | トヨタ（日） | 55,155 | 上海汽車（中） | 101,385 |
| 11 | Kia（韓） | 53,477 | 現代（韓） | 96,456 |
| 12 | 三菱自（日） | 52,145 | Kia（韓） | 88,325 |
| 13 | Renault（仏） | 50,609 | Peugeot（仏） | 67,705 |
| 14 | 奇瑞（中） | 48,395 | 日産（日） | 62,029 |
| 15 | 広州汽車（中） | 46,695 | 広州汽車（中） | 61,830 |
| 16 | Volvo（スウェーデン） | 45,933 | 長城汽車（中） | 57,452 |
| 17 | 長城汽車（中） | 41,627 | トヨタ（日） | 55,624 |
| 18 | 東風汽車（中） | 39,861 | 奇瑞（中） | 45,599 |
| 19 | 長安汽車（中） | 38,793 | ポルシェ（独） | 44,313 |
| 20 | JAC（中） | 34,494 | NIO（中） | 43,728 |

（出所）EVSalesの発表より筆者作成

ても新エネ車の大手メーカーへと成長させている（図表3）。また，EVの性能を左右する車載電池分野では，寧徳時代新能源科技（CATL）が4年連続で世界1位となり，中国のEV産業の発展を支えている。

## 3.2 2035年のガソリン車全廃を目指す

2020年10月に発表された「省エネ・新エネルギー車技術ロードマップ」において，中国では35年をめどに新車販売のすべてを環境対応のエコカーにするという方針が示された。従来のガソリン車を今後15年で全廃するという内容は，改めて業界関係者を驚かせた。

実際の中国の自動車市場においては，新エネ車とガソリン車の併存の時代が少なくとも今後10年以上は続くだろう。その過程において，メーカーの技術開発の対象がEV一辺倒となってしまうと，ガソリン車の省エネ技術の空洞化が懸念される。

そこで，中国汽車工程学会が工業情報化省の指導を受けて，新たなロードマップを制定し，2035年にEVを中心とする新エネ車を50％とし，残りの50％を占めるガソリン車はすべてHVにする目標を打ち出した。このロードマップは省エネ技術や環境保護を重視する政府の方針と一致するため，今後正式に自動車政策として実行に移されていく可能性が高い。

中国では2020年11月，「新エネ車産業発展計画（2021〜35年）」も発表され，今後15年間でEVを新車販売の主流とし，タクシー，バスなど公共車両はすべてをEVにする一方で，FCVの商用化も推進するとした。同計画では25年までに新車販売全体に占める新エネ車の比率を20％前後にする目標も掲げられた（図表4）。

こうした新エネ車の発展目標はどの程度，現実味があるのだろうか。中国の自動車市場にはタクシーやバス，物流，特殊用，公用など非個人用車市場が約1000万台規模あるとみられる。それらは中央政府や地方政府の指示で内燃機関車からEVに置き換えられていくだろう。この切り替えが順調に進めば，EV市場の拡大は確実に見込まれよう。2025年以降には，EVは充電を含む使用の利便性と価格，品質の面で内燃機関車に遜色ない水準に達し，HVを含むクルマの脱内燃機関車の時代は間違いなくやって来よう。

図表4　中国の新エネルギー車市場の推移（21 年以降は予想）

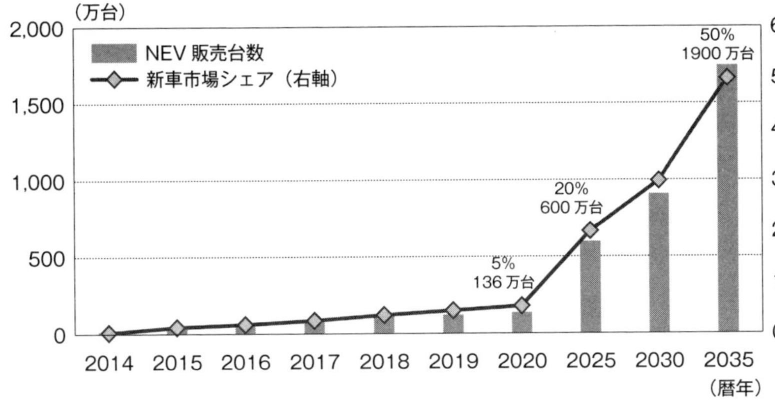

（出所）中国汽車工業協会の統計などから筆者作成。21 年以降は同協会推計

　新エネ車へのシフトに伴い，高度な製造技術を求める部品が大幅に減少するだけではなく，中国企業は日米欧企業に劣後する機械工学技術を一足飛ばし，電動化と IT 技術を融合する「カエル跳び型（Leapfrogging）」発展戦略で競争優位の構築を図ろうとしている。次世代自動車技術での優位性や業界スタンダードを確立できれば，部品産業の技術進歩も期待でき，中国の自動車産業全体の競争力を向上させることができる。

　そうなれば，電池やモータなどの基幹部品を国産化しやすくなるのに加え，貴金属資源の保有，部品・部材産業集積の存在などの面でも日米欧を圧倒する条件が整う。こうした勝算をもと，中国政府は新エネ車シフトにより自国の自動車産業を振興する戦略を描いている。

## 3.3　大手自動車グループの高級 EV 生産

　大手国有自動車グループは自主ブランドの差別化を容易に実現できず，販売台数全体に占める合弁先の外資系ブランドの割合は依然として高い。中国政府の EV シフト方針や低燃費車の優遇政策に加え，従来のガソリン車の開発の継続に限界が出てきていることから，こうした自動車グループは「電動化＋コネクテッド＋高級車」戦略に取り組み，次世代自動車市場でシェアの拡大を図ろうとしている（図表5）。

図表5　大手自動車グループの高級 EV ブランド

| 企業名 | ブランド | モデル | 投入時期 |
|---|---|---|---|
| 東風汽車 | 嵐図（VOYAH） | SUV | 2020 年 |
| 北汽新能源 | 極狐（ARCFOX） | SUV | 2020 年 |
| 上海汽車 | 智己（IM） | セダン，SUV | 2021 年 |
| 吉利汽車 | ZEEKER | セダン，SUV | 2022 年 |
| 長安汽車 | 未公開 | スマートカー | 2022 年 |
| 長城汽車 | 沙龍（SL） | EV，REV | 2022 年 |

（出所）各社の発表より筆者作成

　東風汽車は 2020 年 7 月に高級 EV ブランド「嵐図（VOYAH）」を発表し，同年 12 月に EV の初モデルである中大型 SUV タイプの「嵐図 FREE」を打ち出した。同モデルは EV（航続距離 500 キロメートル）とレンジエクステンダー（同 860 キロメートル）の 2 種類があり，販売価格は約 40 万元で，20 のスマート機能を備えている。

　北京新能源汽車（北京汽車傘下）は 2020 年 10 月，カナダのマグナ・インターナショナルと共同で開発した SUV タイプの高級 EV「ARCFOX α T」（航続距離 653 キロメートル）を発売した。翌月，長安汽車は通信機器大手，華為技術（ファーウェイ）や電池大手の CATL と提携し，EV 新ブランドを立ち上げると発表した。

　上海汽車は，アリババと共同で高級 EV ブランドを手掛ける「智己汽車」を設立し，2021 年 4 月の上海モーターショーで 3 モデルを出展する計画だ。長城汽車と吉利汽車もそれぞれ高級 EV ブランド事業を本格的に始動させ，EV やレンジエクステンダーの開発を進めている。

　現在，中国では短距離の小型 EV が補助金対象から除外されているが，ボリュームゾーン向けの EV は依然手厚い補助金がなければガソリン車に対する競争優位を確立し難い状況だ。一方，補助金に依存しない高級 EV や SUV タイプの中大型 EV は依然人気を集めている。こうした変化を察知した地場メーカーは，いち早く高級 EV 市場に参入し，次世代自動車市場で足場を固めようとしている。

## 4．日系自動車メーカーも新エネ車で本格攻勢へ

　2018年以降，日中関係に正常化に向かう中，トヨタ自動車，日産自動車，ホンダの日系自動車大手3社は中国を最重要市場に位置づけ，生産能力を倍増させる強気の計画を発表した。2023年には3社の中国での生産能力は，現在の2倍に当る660万台に上り，欧米勢を凌駕する計画である。日系自動車メーカーは中国において高品質，低燃費などの特徴を武器に強い競争力をつけ，2020年には乗用車市場で23.1%のシェアを占め，直近10年間で最も高い実績を示した（図表6）。

　もっとも，日系メーカーの中国における新エネ車対応はまだ十分とは言えない。2020年4月に公表された乗用車メーカーの19年の「ダブルクレジット」実績を見ると，対象メーカー100社のうち3割が目標未達成であり，中でも日系メーカーはそろって目標を達成できず，クレジットが大幅に不足した。

　日系メーカーはこれまで中国においては，ガソリン車を主力に据えながら，電池性能やインフラ整備など不確実性の高いEV市場を慎重に見極めていく方針だった。今後は中国での新エネ車普及に対応するため，トヨタなど大手3社は①既存のガソリン車種の新エネ車モデルを投入する②合弁企業の自主ブラン

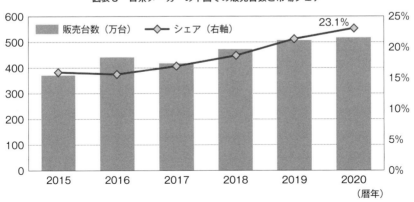

図表6　日系メーカーの中国での販売台数と市場シェア

（出所）各社などから筆者作成

日産の EV「アリア」（筆者撮影）　　　ホンダ SUVe：プロトタイプ（同）

ドを活用する③専用 EV プラットフォームで EV 戦略車を生産する——などの
戦略を展開する計画だ。新エネ車規制に対応するためには，各社は規制対応だ
けのクレジット分を中国で生産するという戦略を実施しているとみられる。

　日産が 2018 年に中国で初めて販売したシルフィゼロ・エミッションは，日
本で普及している「リーフ」のプラットフォームを利用した。しかし，ガソリ
ン車市場で構築したシルフィのブランド力を販売につなげられず，営業車両向
けに止まっているとみられる。そこで，同社は巻き返しのため，20 年には中
国で新型 EV「アリア」（写真左）を公開し，25 年までに EV や e-POWER を
搭載する 9 モデルを発売する計画だ。

　ホンダは 2019 年，小型のスポーツタイプ多目的車（SUV）ヴェゼルをベー
スにした「VE-1」と「X-NV」を発売した。2020 年には PHV の新技術を
搭載する CR-V の導入や EV 分野の強化を発表した。ただ，「VE-1」と「X-
NV」がそれぞれ，広汽ホンダ（広州汽車との合弁），東風ホンダ（東風汽車と
の合弁）が自主開発した新ブランドのロゴマークを付けることになったこと
で，認知度の点で不安が残る。

　ホンダは 2021 年 4 月 23 日，世界で販売する新車を 2040 年にすべて EV と
FCV にする目標を発表した。ガソリン車の撤廃を掲げたのは日本の自動車
メーカー初となる。21 年 4 月の上海モーターショーでは，中国初となるホン
ダブランドの EV「ホンダ SUVe：プロトタイプ」（写真右）を世界で初めて
公開した。2025 年までにホンダブランドの EV を 10 車種も投入する計画だ。

　トヨタは 2019 年，同社にとっては中国向けでは初の PHV である「カロー
ラ E+」「レビン E+」を発売した。ただし，PHV の生産で確保できるクレジッ

レクサスの EV「UX300e」（筆者撮影）　　　　　トヨタの EV「bZ4X」（同）

トは EV に比べて少ないのが課題だった。そこで20年，自社初の中国産 EV
「C-HR」，「イゾア」，そしてレクサスブランド初の EV 量産車「UX300e」（写
真左）を相次ぎ投入した。EV 専用のプラットフォーム「e-TNG」を採用し，
スバルと共同開発した EV コンセプトカー「bZ4X」（写真右）を22年に発売
する予定だ。

　また，天津市に約1300億円を投じて EV 専用工場を建設すると発表した。
広州工場の生産能力を加えると，中国におけるトヨタの EV 生産能力は2022
年に72万台に達する見込みである。さらには BYD と合弁会社を設立し，同
社のプラットフォームと電池技術を活用した EV 量産化も進めている。25年
までにはトヨタブランドのセダン型 EV と低床型 SUV を投入し，いずれも低
コストが武器になるとみられる。

　自動車メーカー各社の EV 生産は関連部品の需要を喚起するものでもあり，
この流れは日系の部品・素材・設備メーカーにとって追い風となりそうだ。電
池分野では，外資企業に対する規制緩和およびトヨタの販売好調に伴い，パナ
ソニックが2020年に初めて中国電池市場トップ10にランクインした。駆動
モーター分野では，出荷量で2020年に外資系サプライヤー1位の日本電産が
21年に大連市のモーター新工場を稼働させ，明電舎は杭州市で同社初のモー
ター海外工場を建設（年産能力最大34万台）し，地場系や日系に供給する予
定である。

　また部材分野では住友化学が無錫市に内外装部品材向けのポリプロピレンコ
ンパウンドの生産拠点を新設し，三菱アルミニウムは押出加工部品の合弁生産
を検討し，EV 向けの軽量なアルミニウムの需要に対応する。帝人は，自動車

ガラス繊維材料を手掛ける中国合弁会社を子会社化すると発表し，EV向けの複合成型材料事業を強化する。

　中国では依然として車載電池が高価なため，新エネ車全体もガソリン車に比べ割高となっている。日産のシルフィゼロ・エミッションの小売価格はガソリン仕様のシルフィの2倍以上に上る。新エネ車の販売を増やすには，結局，自動車メーカーにパワートレインの差別化だけではなく，デザインや車載機能など「制御」以外の部分でも差別化の要因を訴求することになる。特に専用プラットフォームで生産されたEVは，ガソリン車と異なるコンセプトとして消費者に訴求しやすいとみられる。

　欧米勢も中国のEV市場で攻勢をかけている。ドイツ勢ではフォルクスワーゲン（VW）が2025年までに，中国で年間150万台のEV生産目標を掲げた。BMWは20年に同社初のEV仕様のSUV「iX3」を中国で生産し，ダイムラーは吉利汽車と合弁生産で22年に小型高級車ブランド「スマート」のEV車を中国に投入する。米国勢ではテスラが年産50万台規模の工場「ギガファクトリー3」を上海市で立ち上げ，ゼネラル・モーターズ（GM）は第3世代EVプラットフォーム「BEV3」や電池システム「Ultium」を中国に導入する予定である。

　今後，欧米メーカーは中国でコストパフォーマンスの高いEV車種を投入し，一気に中国市場に浸透していくと思われる。中国市場において，日系メーカーもより大胆な戦略転換が期待される。

## 5．おわりに

　中国政府は2019年に，「自動車産業投資管理規定」の適用を開始し，ガソリン車メーカーの新規参入を禁止するととともに，既存の自動車メーカーに対してもその生産能力の拡張を厳しく制限した。一方，企業買収による新規参入は規制対象外であることから，過剰生産能力の活用を目指し，業界再編を推進する政府の意向がうかがえる。

　また，中国政府が自動車産業の重心を新エネ車へと大胆にシフトしている。さらに，民間主導の自動運転技術を応用したコネクテッドカーの開発は，交通

渋滞の緩和や交通事故の根絶だけではなく，次世代交通インフラの構築や自動車先進国を実現する基盤であると考えられる。こうした自動車産業構造の転換は，日米欧の自動車メーカーの中国戦略に大きな影響を与えることになる。

　他方，予想される業界再編の波はサプライチェーンに変化をもたらし，日系を含むサプライヤーの戦略転換も迫られている。市場は目先，ガソリン車，HV，新エネ車などが混在する形で推移しながらも，2035年にはEVが新車販売の主流になると見込まれる。

　日系メーカーは，ガソリン車と新エネ車のすみ分けをしながら，他社との差別化戦略の取り組みが求められている。各社に相応しい製品戦略を検討する一方，中国市場の特性に合わせた地域戦略やロビー活動にも取り組み，IT・通信・社会インフラ関連を含む異業種企業との提携も視野に入れるべきであろう。

**［注］**
1　中国公安省の発表による。
2　中国海関統計

**［参考文献］**
湯進（2021）「日中自動車産業のキャッチアップ工業化」徐一睿編『クールダウンエコノミー　日本の歴史的経験と中国の現状』専修大学出版局。
湯進（2020）「電動化潮流を牽引する中国〜世界の電池工場へ」シーエムシーリサーチ編『EVワールドⅢ激変期のEV＆電池生産の中長期課題と展望』。
湯進（2019）『2030年中国自動車強国への戦略』日本経済新聞出版社。
湯進（2018）「中国自動車産業の成長と“EV革命”の動向」『中国経営経済研究』第4号，2018年12月。
中国汽車工業協会（CAAM）ウェブサイト（www.caam.org.cn）。
中国乗用車市場信息聯席会（CPCA）ウェブサイト（www.cpcaauto.com）。

# 第8章 ———————————————————

# コロナで変わる対中越境EC
## ——訪日客なき時代の新戦略を描こう

日本経済研究センター研究員
（日本経済新聞社編集ビジネス報道ユニット担当部長）
**山田周平**

## ◉ポイント

▶新型コロナウイルスの流行により，2020年の中国からの訪日客は前年比で9割近く激減した。訪日客向けの販売に頼ってきた日本の化粧品・消費財メーカーは代替策として越境電子商取引（EC）の強化に乗り出し，もともと中国でのブランド力に定評のあった企業は一定の成果を挙げている。

▶訪日客の激減により，中国人による日本製品の購入のうち「個人代理購入」のルートが絶たれた。日本好きの若い消費者が目新しい商品を調達できなくなり，インターネット上の「口コミ」で日本商品が評判になる機会が減った。結果として，将来のヒット商品の種がなくなる恐れが出ている。

▶中国の消費財販売ではコロナ禍を機にネット経由の「ライブコマース」が定着し，SNS（交流サイト）を使ったマーケティングが重要性を増した。「独身の日」セールのSNSデータを分析すると，中国・韓国メーカーがSNSを意識した手法を強化し，日本勢の牙城を崩そうとしている。

## ◉注目データ ☞ 中国の越境ECによる輸入の国・地域別構成

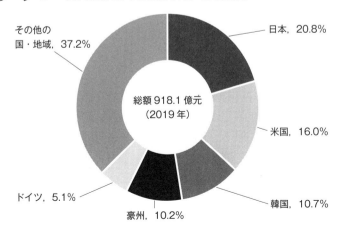

その他の国・地域，37.2%
日本，20.8%
米国，16.0%
韓国，10.7%
豪州，10.2%
ドイツ，5.1%
総額918.1億元
（2019年）

## 1.「爆買い」で始まった右肩上がりの越境 EC にコロナの試練

　中国の消費者の間では，訪日中国人による 2015 年ごろの「爆買い」現象を
境に日本製の化粧品や日用品などの消費財の評価が改めて上がり，訪日リピー
ターによる再購入や越境 EC による購入が右肩上がりで増えていた。しかし，
2020 年初めからの新型コロナウイルス（以下，新型コロナ）の感染拡大によ
り，この流れは絶たれてしまった。日本の化粧品などのメーカーは中国向けの
販売戦略の再構築を迫られている。

　中国商務省の「中国電子商務報告 2019」によると，2019 年の中国全体の越
境 EC による輸入額は約 918 億 1000 万元（約 1 兆 4200 億円）だった。国・地
域別の輸入元では，20.8％を占めた日本が首位。しかし，この数字は一般的な
貿易の通関手続きを経た商品だけを対象としており，後述する「個人用物品の
海外郵送」などの手法による越境 EC まで把握できているわけではない。

　経済産業省は 2020 年 7 月にまとめた EC 全般に関する市場調査で，日本か
ら中国への越境 EC は 2019 年に前年比 7.9％増の 1 兆 6558 億円だったと推計
している。これは一般の貿易のほか，個人用物品の海外郵送などを含めた広義
の越境 EC の規模を示している。ただし，この数字も日本の消費財メーカーの

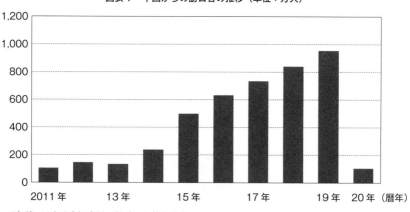

図表 1　中国からの訪日客の推移（単位：万人）

（出所）日本政府観光局の統計より筆者作成

対中販売のすべてを網羅しているわけではない。つまり，中国からの訪日客が日本国内で購入した分がカウントされていない。

　コロナ禍による旅行制限のため，2020年の訪日中国人は約107万人と2019年から88.9％も減少した（図表1）。資生堂など日本の消費財メーカーの20年の国内販売は軒並み前年割れとなったが，これは緊急事態宣言などで日本の消費が落ち込んだだけでなく，中国人による日本の店頭での購入が激減したことも響いたようだ。

　一方で，訪日中国人の激減は「日本商品オタク」ともいえる中国消費者が丸1年，訪日・買い物できていない事態も招いている。インバウンド（訪日外国人）消費・越境ECの専門家の間では，中国のネット上で日本商品に関する最新情報が乏しくなり，2021年以降の売れ行きに悪影響が出かねないとの懸念が浮上している。本章ではそのメカニズムを考察し，訪日中国人なき「ポスト・コロナ」時代の収益モデルを探る企業の事例を紹介したい。

## ２．中国の消費者による海外購買の３つの類型

　対中越境ECへのコロナ禍の影響を考察する前に，中国の消費者の海外購買について整理しておきたい。中国では中間所得層が厚みを増した2010年以降，海外からの消費財購入が盛んになっている。中国国内の実店舗に海外商品が並ぶ伝統的な商流を除くと，海外購買には大きく3つの類型がある（図表2）。

**図表２　中国の消費者の海外購買の三類型**

| 類型 | 正規輸入型 | 直送型 | 個人代理購入 |
|---|---|---|---|
| 定義 | 消費者は中国国内のウェブサイトより購入 | 消費者は海外のウェブサイトより購入 | 消費者は個人バイヤーを通じて購入 |
| 貿易方式 | 越境EC（BtoC） | 個人用物品 | 個人用物品 |
| 物流モデル | 保税区・現地の倉庫から発送 | 海外郵送 | 海外郵送・手荷物 |
| 物流機関 | 比較的短い | 時間がかかる | 時間がかかる |
| 税金 | 関税・増値税など（条件次第） | 行郵税（条件次第） | 行郵税（条件次第） |

（出所）各種公開資料より筆者作成

　1つは「正規輸入型」だ。これは販売ルートが実店舗からECに切り替わった形だといえる。日本のメーカーからすると，アリババ集団の「天猫（Tモール）」など中国企業が提供するBtoCのECプラットフォームへの出店や，自社による中国ECサイト運営などの手法がある。商品は事前に通関手続きを済ませて現地の倉庫に保管しておき，受注後に，そこから中国各地の消費者へと発送する。

　2つ目は「直送型」だ。中国の消費者が直接，米アマゾンや楽天など海外のECサイトで好みの商品を発注するパターンで，消費者にとっては，定番商品が主体である正規輸入型にはない最新商品が入手できるのが魅力となる。消費者の手元には海外からに郵送で届くが，ECサイト運営会社が送るのではなく，消費者から別途依頼を受けた専門業者が郵送を代行する事例も多いという。つまり転送サービスといえる。

　最後に「個人代理購入」がある。訪日・在日中国人が消費者から個別に委託を受け，商品を購入・発送する手法だ。実態としては，個人による転売に近い。個人事業主として，アリババの「淘宝網（タオバオ）」などCtoCのECプラットフォームで事業展開する例もあるが，発送も決済もスマートフォンで手配できる現在の中国では，個人間のネット上のやり取りの形でも商行為として成立してしまう。

　正規輸入型以外は伝統的な貿易と商流が異なり，その規模を統計的に把握するのは難しい。特に，個人代理購入では中国人が手荷物として中国に持ち込む手法が珍しくない。中国専門のウェブマーケティング会社，ファインドジャパン（東京・千代田）の西山高志社長は2018年時点で，訪日中国人による越境ECの仕入れ規模を年間2兆6000億円と推定していた。

　中国政府は2019年1月に電子商取引法を施行し，個人による転売への規制を強めたが，それでも相当な量の日本商品が正規輸入型以外の販路で中国に売られていたようだ。コロナ禍でこのルートが絶たれた。日本商品の「オタク」がSNSなどで日本の最新商品についてつぶやく機会も減ったことが，対中越境ECのマイナス要因になるとの見方が出ている。

## 3.「巣ごもり」で普及した中国ライブコマース

　2020年に中国自体のEC市場で起きた大きな変化にも，考察の前提として触れておく。コロナ禍のため，中国の消費者が世界に先駆け「巣ごもり」を余儀なくされた結果，売り手がインターネットの生中継で商品を紹介しながら売る，ライブコマースが急速に普及した。

　中国のライブコマースは2016年にタオバオ，京東集団（JDドットコム）などのECプラットフォームで登場した。従来は主にネットで知名度の高いKOL（キー・オピニオン・リーダー）と呼ばれる人々の活躍の場だったが，コロナ禍で状況が一変した。大手会計事務所KPMGとアリババ系シンクタンクの阿里研究院による20年10月時点の予測では，中国のライブコマース市場は20年に1兆500億元と前年の約2.4倍に膨らむ見通しだ（図表3）。

　急速な普及は中国のライブコマースに2つの質的な変化をもたらした。1つは企業トップが自ら売り子となる事例が急増したことだ。コロナ禍の克服を掲げて家電大手，珠海格力電器の董明珠董事長ら著名な経営者が続々とトップセールスを展開した。テレビ通販「ジャパネットたかた」の中国版とも呼べる手法だ。京東の創業記念日にちなむ2020年の「6.18セール」では600人もの経営トップがライブコマースを行うなど，販売手法として完全に定着した。

　もう1つは「KOC（キー・オピニオン・コンシューマー）」と呼ばれる人々

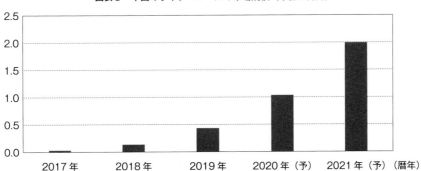

図表3　中国のライブコマースの市場規模（単位：兆元）

（出所）KPMGと阿里研究院の2020年10月調査より筆者作成

が影響力を強めたことだ。KOCとは化粧品や日用品の流行や新商品に精通し，同じ嗜好を持つ人にSNSで情報発信する人を指す。売り手企業は2020年，タレント化が進んで宣伝臭が強まったKOLに代わり，素人代表といえるKOCに働きかける例を増やした。

　こうしたライブコマースの普及により，中国のEC市場は，いわば「14億人・総ジャパネットたかた化」が進んだ形だ。

## 4．日本勢はコロナ禍にどう対応したのか

　では，中国市場を重視する日本の化粧品・消費財メーカーは，コロナ禍による環境変化にどのように対応したのだろうか。

　アリババは2020年も，年間で最も取扱高が多くなる11月11日の「独身の日」ネット通販セールを行った。具体的な金額は明らかになっていないが，中国向けの越境ECの流通総額（GMV）について，日本は5年連続で国・地域別の首位を守った。輸入ブランドの取扱高ランキングでも，ヤーマンが首位，資生堂が5位などと健闘した（図表4）。この2社の20年の中国事業の状況を確認してみる。

図表4　「独身の日」の輸入ブランドの取扱高ランキング

| 順位 | 企業（国） | 主な商品 |
|---|---|---|
| 1 | ヤーマン（日本） | 美顔器 |
| 2 | アプタミル（ドイツ） | 粉ミルク |
| 3 | スイス・ウェルネス（豪州） | 栄養サプリメント |
| 4 | 花王（日本） | 化粧品 |
| 5 | 資生堂（日本） | 化粧品 |

（出所）アリババ公開資料より筆者作成

### 4.1　ヤーマン〜美顔器市場，Tモール経由で開拓

　1978年創業のヤーマンは顔の皮膚をケアする美顔器など美容機器を主力とするファブレス（工場なし）メーカーだ。2015年末に中国市場に進出し，20年4月通期決算では中国事業の売上高が約46億円と全社の約2割にまで高

まっている。

　中国事業はオーソドックスな越境 EC を柱としている。中国の売上高の大半を，総代理店の碧捷（広東）潔浄科技（エコライト）と二人三脚で運営する T モール内の旗艦店から上げてきた。1 台 6〜8 万円と高級な美顔器が売れ筋商品で，独身の日セールでは 2020 年まで 5 年連続で電子美容機器部門の売上高首位を守っている。前述した中国消費者の海外購買の 3 類型のうち，正規輸入型のルートを着実に広げてきたといえる。

　中国の消費者は一般に，日本製品を「品質が高い」や「ブランド力がある」と評価している。ヤーマンはその期待に地道に応えてきた。5，6 社ある製造委託先は意図的に日本企業に限定し，医学博士など有識者による効果・安全性の確認をマーケティングに使ってきた。さらに会社側は，日本語社名に近い発音の漢字を当てた中国語のブランド名「雅萌」が若い女性に好印象を与えていると分析している。

　コロナ禍への対応も基本に忠実だった。T モール内でライブコマースが定着すると，ヤーマンも女優や美容 KOL を起用したライブコマースを週 3〜4 回のペースで実施（写真）。2020 年 7 月には日本の本社にスタジオを新設し，経

ヤーマンが女優らを起用して T モール内で行ったライブコマース（同社提供）

営トップの山﨑貴三代社長が中国の消費者に直接語りかけるライブコマースも行った。

こうしたテコ入れの効果もあり、ヤーマンは2020年11月に21年4月通期の純利益予想を34億円と2.2倍に上方修正した。ただし、日本国内での店頭販売は20年10月中間期に前年同期から14%減少した。最大の理由は日本自体の消費低迷ではなく、インバウンドによる店頭での直接購入が激減したことだ。前述の海外購買の3類型のうち、個人代理購入に当たる部分が減ったことになる。

## 4.2 資生堂～手堅い事業運営で業績悪化に歯止め

資生堂は社名が古典「易経」の一節「万物資生（すべてのものはここから生まれる）」に由来し、世界の同業大手に先駆けて1981年に進出するなど、もともと中国との縁が深い。習近平国家主席の彭麗媛夫人も愛用するとされるブランド力を誇る。2015年ごろに越境ECを始めると成長が加速し、19年12月通期の中国事業の売上高は約2162億円と16年12月通期に比べ8割以上増加した。「SHISEIDO」「クレ・ド・ポー　ボーテ」などの高価格帯の化粧品を主力としている。

コロナ禍には手堅く対応してきた。外出制限のため百貨店などの実店舗で接客販売が不可能になったため、2020年4月にTモールの公式アカウントで美容部員によるライブコマースを開始。日本でも同7月にライブコマースを導入すると、独身の日セールでは日本市場向けの中価格帯商品「マキアージュ」のブランド責任者がそのシステムを使い、日本発でライブコマースを行った（写真）。

資生堂の2020年12月通期決算は最終損益が117億円の赤字となった。コロナ危機が続く米州、欧州で赤字が拡大するなか、中国事業は営業利益が183億円と国・地域別で最大の黒字を稼ぎ出した。経営陣によるライブコマースなど中国の最新の販売手法を着実に取り入れ、全社の業績悪化に歯止めをかけた。

ただし、ヤーマンと同様、資生堂の中国ビジネスは決算のセグメント上の「中国事業」だけでは捕捉しきれない。日本国内での販売である「日本事業」と免税店での販売である「トラベルリテール事業」は減収減益となったが、両

マキアージュの中国向けライブコマース（資生堂提供）

セグメントとも中国人旅行者による購入の減少がかなりの部分を占めたとみられる。

　なお，資生堂とヤーマンは 2020 年 10 月に共同出資会社を設立し，「エフェクティム」という新ブランドを立ち上げた。21 年春から日本と中国市場において，資生堂の美容液とヤーマンの美顔器を新ブランドのもと，一体で売り出す。中国での美顔商品の販売という観点では，現時点で考え得る最強の日本企業連合が誕生したといえる。

## 5．インバウンド急減で消えた中国ネットの口コミ情報

　ヤーマンと資生堂の業績はいずれもコロナ禍で悪化したものの，2020 年後半には越境 EC を含む中国販売が持ち直した。中国ビジネスに強い他の日本の化粧品・日用品メーカーも同様に一息ついたとみられる。しかし，対中インバウンド消費・越境 EC のマーケティング専門家の間では，3 類型のうち個人代理購入が激減したことへの懸念が出ている。

　中国への消費財販売では現在，アリババなど EC プラットフォーム，騰訊控

股（テンセント）の「微信支付（ウィーチャットペイ）」など電子決済アプリ
が広く使われ，ネット利用が大前提となっている。日本の中国専門マーケティ
ング会社もSNSをフル活用しており，結果として日本製品を買う中国の消費
者がどのような特性を持つのか，ビッグデータ解析などが可能になっている。

　専門家の懸念は，米社会学者エベレット・M・ロジャースが提唱したイノ
ベーター理論で説明がつく。この理論は新商品が①イノベーター（革新者），
アーリーアダプター（初期採用者）など「新しいもの好き」が購入する②普及
へのキャズム（深い溝）を超える――過程を経て，アーリーマジョリティ（前
期追随者）より右側の消費者に購入されれば，ヒット商品に育つことを示して
いる（図表5）。

　ヤーマンや資生堂の既存商品はすでに中国市場で定番となっており，いわば
キャズムを超えた段階から販売活動を始めれば済む。3類型のうち，正規輸入
型のルートに乗せればよく，両社の業績もそれを証明している。

　問題はイノベーターやアーリーアダプターが購入し，このメカニズムに乗っ
ていく新商品が減っていることだ。2019年までは，中国の新しいもの好きが
自ら来日して新商品を買うか，個人代理購入のルートで調達していた。そうし
た新商品の一部分がキャズムを超えてヒット商品へと育ってきたが，コロナ禍

図表5　イノベーター理論の概念図

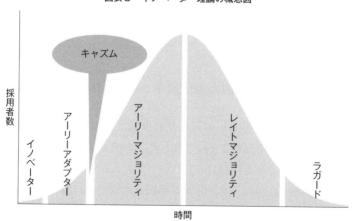

（出所）各種資料より筆者作成

による訪日中国人の激減でこの循環が途絶えてしまったのだ。

　日本の目新しい化粧品や日用品を好む中国の消費者は，ネットの申し子といえる 20〜30 歳代の若者が多い。専門家のネット分析によると，これらの若者の大半は新商品を購入すると SNS 上で入手できた喜びや商品の特徴をつぶやく。いわば「ネット上の口コミ」だ。口コミはウェブマーケティングによるヒット商品づくりの種火といえるが，それがコロナ禍のために消えかねない状況に陥っているのだという。

## 6．日本商品への関心喚起へ SNS マーケティング

　コロナ禍が招いた前述のリスクに対応するため，2020 年後半に入り，個人代理購入とは別の手法を使い，中国のネット上で日本製品の口コミを生み出そうとする企業が現れた。3 社の取り組みを紹介する。

### 6.1　アライドアーキテクツ〜自前の KOC を育成

　ウェブマーケティング全般を手がけるアライドアーキテクツは対中マーケティングも主力事業の 1 つとしている。その一環として，「BoJapan」と呼ぶ在日中国人の女性グループを組織し，ネット上の口コミづくりで成果をあげている。

　BoJapan は 2018 年 9 月に立ち上げた。日本製の化粧品が好きな主婦，会社員，留学生など 21〜35 歳の一般人女性が所属し，現在のメンバー数は約 2800 人。中国の対話アプリ「微信（ウィーチャット）」内で日頃から新しい化粧品，その使い方などの情報を交換している。いわば化粧品愛好家のグループだ。

　アライドアーキテクツは BoJapan のメンバーに，日本企業のサンプル品を配るサービスを提供している。メンバーは無料で受け取れるが，中国の SNS に使用体験の口コミを最低 1 本投稿する義務を負う。写真の女性は留学生で，ポーラ・オルビスホールディングス傘下のオルビスの商品を受け取った後，若い女性に人気の SNS「小紅書（RED）」の動画で使用感を語っている。会社側は基本的に口コミの内容には干渉しない。

「BoJapan」所属の在日中国人女性

　中国の消費者から見れば，BoJapan のメンバーは日本の最新の化粧品を次々と入手し，論評してくれる KOC の集団に映る。同時に，イノベーター理論におけるイノベーターやアーリーアダプターの役割を果たしているともいえる。

　この手法には「企業の広告より知人の口コミ情報を信じる中国人の思考法に適している」（アライドアーキテクツの番匠達也クロスボーダーカンパニー長）という側面もある。サンプルを提供した日本企業は正規輸入型のルートを別途構築しておけば，中国にいる消費者からまとまった購入を期待できる。

## 6.2　トレンドエクスプレス〜ビッグデータ活用で口コミを意図的に

　中国専門マーケティング会社のトレンドエクスプレス（東京・千代田）は2020 年 10 月，ビッグデータ技術を生かした「意中盒」と呼ぶサービスを始めた。こちらは中国在住の KOC を働きかけの対象としている。保有する 1500万人分の年齢，居住地などのデータから狙いの顧客層に影響力を持つ KOC を割り出し，新商品のサンプルを箱詰めで配布する。

　サンプルを受け取った消費者に SNS への書き込みを促したり，アンケートを行ったりする点は BoJapan に似ているが，意中盒は特定の SNS グループに依存していないため，対象商品の特性に応じて KOC を意識的に選べる利点が

ある。

　例えば，ベビー用品メーカーのピジョンは 2020 年に発売した乳幼児用のスキンケア商品のマーケティングで意中盒を使った。この商品は防腐剤や抗菌剤を使わずに無菌で充填し，生産から 48 時間以内に工場から自宅に直送するなど，安全や品質にこだわっている。この商品コンセプトへの反応を確かめるため，「1 線・新 1 線都市在住，3 歳以下の子供をもつ 20〜35 歳までの母親約 200 名」を条件に新商品とアンケートを送付した。

　KOC に着目した背景には「KOL は高額のギャラをとるプロ化が進み，消費者の共感を得にくくなった」（トレンドエクスプレスの浜野智成社長）との判断がある。一般的な消費者に近い KOC に働きかけ，中国のネット上でより自然に口コミが生成されることを目指している。

## 6.3　ファインドジャパン〜購入代行でデータ収集

　ファインドジャパンは 2020 年 10 月，「雲購」と呼ぶ購入代行サービスを始めた。同社はもともと，中国版ツイッターと言われる「微博（ウェイボ）」などに日本情報を専門に発信する公式アカウントを持ち，フォロワー数は合計で 100 万人を超えている。これらフォロワーから，日本製品の購入希望者をウィーチャットに囲い込んだ。

　2021 年 1 月時点で，約 1 万人のメンバーが約 20 のグループチャットに分かれて登録した。グループチャットは「店長」と名付けた同社社員が管理し，化粧品を中心に注文を受け付ける。一定量がまとまったら百貨店の外商部やメーカーから商品を買い，中国に郵送する。店長側から，最新の日本情報を商品選びの参考として提供することも行う。中国にいる消費者は個人代理購入に近い感覚で希望の日本製品を入手できる。

　雲購の狙いは購入代行による収益ではなく，顧客ニーズの把握にある。店長はメンバーから注文を受け付ける際，「その商品をどのサイトの，どんな情報源から知ったか」などの情報を細かく集める。日本製品のイノベーターやアーリーアダプターに相当する消費者の嗜好や行動パターンを知り，中国でヒットする商品の予測可能性を高めるのだという。

　ファインドジャパンは中国進出を望む日本の消費財メーカーのマーケティン

グ支援を主力業務としている。雲購で得た顧客ニーズを活用することで「新規
参入のリスクを極力低くする」(西山社長) ことを目指す。

## 7．国際競争が激化する対中 EC ビジネス〜中国勢もライバルに

　これまでの考察を総合すると，中国での消費財販売では，コロナ禍の影響を
乗り越えるため，SNS 上での口コミづくりなどウェブマーケティングの重要
性が増している。この変化に気づき，対策を打ち始めた日本企業もいるが，動
いているのは日本勢だけではない。

　トレンドエクスプレスは 2020 年 11 月の独身の日セールの期間中に，ウェイ
ボ上で「双十一 (中国語で独身の日)」「買った」という 2 つのキーワードとと
もにつぶやかれているブランドを調べた (図表6)。

　ネットと親和性が高いスマートフォンが口コミの対象になりやすい事情を差
し引いても，この調査結果は 2020 年の独身の日セールでどの会社のどんな商
品が人気だったのか，かなり反映している。日本勢ではファーストリテイリン
グの「ユニクロ」が 9 位に入ったのが最高だったが，19 年の 8 位からランク

図表6　「独身の日」セール中に中国 SNS で口コミが多かったブランド

| 順位 | ブランド名 (国) | 主な商品・事業 |
|---|---|---|
| 1 | アップル (米国) | スマートフォン |
| 2 | ファーウェイ (中国) | スマートフォン |
| 3 | OPPO (中国) | スマートフォン |
| 4 | エスティ・ローダー (米国) | 化粧品 |
| 5 | パーフェクト・ダイアリー (中国) | 化粧品 |
| 6 | ロレアル (フランス) | 化粧品 |
| 7 | vivo (中国) | スマートフォン |
| 8 | 小米 (中国) | スマートフォン |
| 9 | ユニクロ (日本) | アパレル |
| 10 | ハイアール (中国) | 白物家電 |

　(出所) トレンドエクスプレスの調査より筆者作成。ブランドに関する 2020 年 10 月 20 日
　　〜 11 月 19 日のウェイボでの書き込みのうち,「双十一」と「買った」というキーワー
　　ドがふたつとも含まれていた件数のランキング

を下げた。資生堂も 29 位に入ったが，19 年（21 位）から順位を落とし，上位 30 社で日本勢はこの 2 社にとどまっている。

　日本勢が押され気味だった理由の 1 つは，化粧品の米エスティ・ローダーなど，もともとの競争相手だった欧米大手が独身の日セールに力を入れたことだ。中国以外の市場がコロナ禍で打撃を受けたためで，これは想定の範囲内といえる。

　欧米大手の攻勢とは別に，日本勢に逆風となりそうな構造変化の兆しが見えている。1 つは韓国企業の台頭だ。独身の日セールの口コミが多かったブランドのうち，2019 年は上位 30 社以内の韓国勢はゼロだったが，20 年は LG 生活健康の主力ブランド「后（フー）」が 12 位，アモーレパシフィックグループの主力ブランド「雪花秀（ソルファス）」が 19 位に入った。いずれも韓国コスメを代表する化粧品メーカーだ。この 2 社が健闘した結果，上位 30 社の口コミ件数を本社の所在地別でまとめると，韓国が 5％と日本（4％）を上回った（図表 7）。

　もう 1 つは，中国で新たな競争相手が生まれたことだ。上位 30 社の口コミ件数の国・地域別で中国が首位なのは当然として，従来はスマートフォンなど日本勢が直接競合しない商品分野が多かった。しかし，2020 年は中国コスメを代表する広州逸仙電子商務の化粧品ブランド「完美日記（パーフェクト・ダ

図表 7　「独身の日」の本社所在地別の口コミ

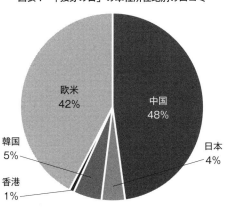

（出所）トレンドエクスプレスの調査より筆者作成

イアリー）」が 5 位（2019 年は 15 位）に入った。韓国勢とともに，日本の化粧品メーカーの牙城を崩すライバルに育つ恐れがある。

　中国の消費市場では現地の実店舗という伝統的なルートも健在であり，インバウンド消費や越境 EC ですべてが語れるわけではない。しかし，日本より進んだネット社会である中国では，SNS 上の評判などが近い将来のブランド価値を左右するのも事実だろう。中国市場で高い品質・ブランド力を誇りながら，ずるずるとシェアを落とした日本の家電メーカーの轍を踏まぬよう，化粧品・日用品メーカーは慎重にコロナ禍の中国市場に向き合ってもらいたい。

# 索　　引

## 執筆者紹介

**編著者**

服部 健治 （はっとり けんじ）　一般社団法人日中協会理事長，中央大学ビジネススクール名誉フェロー　（第2章）

湯浅 健司 （ゆあさ けんじ）　日本経済研究センター首席研究員兼中国研究室長　（序文，第1章）

**著者** （執筆順）

真家 陽一 （まいえ よういち）　名古屋外国語大学教授　（第3章）

雷 海涛 （らい かいとう）　桜美林大学大学院長，教授　（第4章）

岡野 寿彦 （おかの としひこ）　NTTDATA経営研究所研究主幹　（第5章）

露口 洋介 （つゆぐち ようすけ）　帝京大学経済学部教授　（第6章）

湯 進 （たん じん）　上海工程技術大学客員教授，みずほ銀行法人推進部主任研究員　（第7章）

山田 周平 （やまだ しゅうへい）　日本経済研究センター研究員　（第8章）
（日本経済新聞社編集ビジネス報道ユニット担当部長）

### 復興する中国
ポスト・コロナのチャイナビジネス

2021年7月15日　第1版第1刷発行　　　　　　　　検印省略

編著者　服　部　健　治
　　　　湯　浅　健　司
　　　　日本経済研究センター
発行者　前　野　　　隆
発行所　株式会社 文　眞　堂
　　　　東京都新宿区早稲田鶴巻町533
　　　　電　話　03（3202）8480
　　　　FAX　03（3203）2638
　　　　http://www.bunshin-do.co.jp/
　　　　〒162-0041 振替00120-2-96437

製作・モリモト印刷
© 2021
定価はカバー裏に表示してあります
ISBN978-4-8309-5141-1　C3034